¡YA LO ENTIENDO!

¡YA LO ENTIENDO!

by

PATRICIA K. CALDWELL F.I.L.

HULTON EDUCATIONAL PUBLICATIONS LIMITED

© 1975
P. K. Caldwell
ISBN 0 7175 0716 5

First published 1975 by Hulton Educational Publications Ltd.,
Raans Road, Amersham, Bucks.
Printed in Great Britain by Richard Clay (The Chaucer Press), Ltd.,
Bungay, Suffolk

PREFACE

The comprehension and composition tests included in this book are intended for use mainly with 4th and 5th year classes studying for C.S.E. and G.C.E. 'O' level examinations. In order to prepare the pupils as well as possible for the various examinations they will sit, I have compared the syllabuses and papers of six C.S.E. and six G.C.E. boards and prepared a selection of the most common kinds of test. The emphasis is on practical, everyday language rather than literary Spanish.

My most sincere thanks are due to Sra. D. Angeles Moro de Muñoz of Madrid for her invaluable help in checking the manuscript and to Glynis Watkins for the drawings in Part Two.

I should like to express my gratitude also to Dr. Miguel Camba of Santiago de Compostela for permission to reproduce the passage from *La Rana Viajera* by Julio Camba and to the publishers Escelicer S.A. for permission to include two paragraphs from José María Peman's *Historia de España Contada con Sencillez*. I am also indebted to the following examining boards for allowing me to use extracts from their previous papers:

Associated Examining Board (p. 56)
Joint Matriculation Board (pp. 70, 71, 90)
Oxford Delegacy of Local Examinations (p. 26)
Welsh Joint Education Committee (pp. 124, 125)
East Midland Regional Examinations Board (p. 39)
Metropolitan Regional Examinations Board (p. 41)

North Western Secondary School Examinations Board
  (pp. 19, 65, 113)
The West Yorkshire and Lindsey Regional Examining
  Board (pp. 122, 123)

CONTENTS

PART ONE   COMPREHENSION

Page

1 Points to Ponder   9
2 Passages with Questions in English   11
3 Passages with Questions in Spanish   27
4 Passages with Multiple-choice Questions   57
5 Multiple-choice Tests   72

PART TWO   COMPOSITION

1 Points to Ponder   91
2 Narrative, Description and Dialogue   95
3 Telling a Story from a Series of Pictures   100
4 Expanding an Outline and Continuing a Story   126
5 Subjects for Composition   129
6 Letter Writing   131

(1)

As the title indicates, the passages in this part of the book are meant to be understood rather than mentally translated. Of course, even the most distinguished language scholar will have to pause and translate word by word and phrase by phrase a particularly obscure sentence and in that case, so will you but such occasions should gradually become the exception rather than the rule. When you can read Spanish and know what you are reading without thinking about it in English, you will have arrived!

Working through the tests you will notice certain questions marked with an asterisk. In each case advice will be given on how to answer the specific question or the type of question. You can acquire a technique in answering that will at least prevent you from wasting time or words and ensure that you display to advantage what knowledge you have. Each section of comprehension tests, i.e. those with questions in English, those entirely in Spanish and those with multiple-choice questions, is graded from very easy examples at the beginning, through C.S.E. standard to G.C.E. 'O' level.

Whether you are answering in Spanish or in English you should write in sentences but you should avoid wasting time by repeating everything in the question e.g. if the question is: 'What did Peter do when he stopped crying?' it is enough to say: 'he used his wet handkerchief to rub off the blood and the dirt' not: 'When Peter had stopped crying ...' Where the answers are in Spanish it is most important that the sentences should be properly constructed for this type of test is designed by some examining boards to serve a dual purpose; to test understanding and also the ability to write grammatically.

All kinds of multiple-choice tests are intended to cover as much ground as possible in the shortest time. You have to work quickly and with great concentration but you must not allow yourself to jump to conclusions. Sometimes all the answers are nearly alike and it requires patience to find which one is exactly right. You must also avoid rushing at the first answer which seems to contain a likely word. Do not be tempted into guessing or permutating the letters A-D. If the right answer is not apparent, the wrong ones may be and you can make your choice by a process of elimination. Pupils who have difficulty with the final section of Part One need to polish up their vocabulary!

Passages with questions in English

1 AN ENGLISH BREAKFAST

Mi primer viaje al extranjero fue al norte de Inglaterra cuando tenía unos trece o catorce años, y a la distancia de medio siglo, lo que recuerdo de él es el encanto del desayuno inglés. Pasábamos un mes en un hotel de Manchester mientras mi padre asistía a un curso en la universidad. Mi madre se levantaba tarde y cuando mi padre se había marchado a sus estudios técnicos, yo permanecía a la mesa con ella, recuerdo ahora, la mitad de la mañana, desayunando como nunca desayunaba antes y de veras como nunca lo hice después. Era un pequeño glotón.

Empezaba con pomelo, contrariando la amargura con unas cucharadas le azúcar. Luego comía una sopa de avena en la cual echaba leche fría y más azúcar. Entonces me servían un plato caliente de jamón, huevo frito, tomate, riñones, salchicha de cerdo, setas y un trozo de pan frito en la grasa del jamón. Había en la mesa pan de varios tipos, panecillos frescos, pan integral y pan tostado y bollitos de matequilla amarilla, mermelada de naranja y miel. Mi madre no tomaba más que unas tazas de té de una enorme tetera que llevaba una especie de gorra gruesa para conservar el calor.

*1. How long ago did the author make his first trip abroad? (1)
  2. Why did he stay in Manchester? (1)
  3. What is his chief memory of his stay there? (1)
  4. Why does he refer to himself as a little glutton? (2)
*5. What did he eat first? (1)

*6. What did he put on his porridge? (1)

7. What was served on the plate with his ham and egg? (3)

*8. Mention four other things to eat which were on the table. (2)

9. What did his mother have for breakfast? (1)

10. How did the teapot appear to him? (2)

Note

These questions are quite straightforward and the number of marks allowed for each one, given in brackets, is a good help when you are deciding how much to include in each answer.

1. The first fact you are given is that the author was 13 or 14 but this tells you *when* and does not answer the question *how long ago?* Read on until you come to *a la distancia de medio siglo* and use this information.

5. You are told that he began with *pomelo* but this is not the complete answer for he did not eat it just as it was. Read on to *unas cucharadas de azúcar*.

6. The words are *leche y más azúcar* but to say *more sugar* here would give the impression that there was already sugar on it when it was served. In other words, answer accurately.

8. More than four are mentioned but you gain no marks for giving more than you are asked for; you only waste time.

2 SPANISH OMELETTE

La tortilla española que se hace con patatas es un plato muy alimenticio y popular. A mí me gusta más que la tortilla francesa que fuera de España es más corriente. La tortilla de patata se sirve caliente o fría, sóla o con ensalada, carne o legumbres, de segundo o tercer plato en el almuerzo o en la cena, incluso se lleva al campo donde proporciona una buena merienda con pan y tomates frescos.

Es fácil de hacer. Aquí está una receta sencilla que se puede probar en casa. Para cuatro personas se necesitan cuatro patatas grandes, una cebolla, tres o cuatro huevos, aceite y sal.

Se pelan las patatas y después de lavarlas se parten en trocitos planos y pequeños, así como la cebolla. Se mezclan, se sazona con sal y se echan en la sartén con abundante aceite muy caliente. Para que no se pegue se revuelve con frecuencia. Se baten los huevos en una fuente y se sazona con sal. Cuando las patatas están hechas, se sacan, se echan en la fuente y se mezclan con los huevos. Se quita el aceite de la sartén, dejando sólo lo suficiente para hacer la tortilla sin quemarla. Se pone la mezcla en la sartén, haciéndola en forma de una torta, dejándola pasar unos minutos en un lado y luego, con ayuda de un plato grande, se la da la vuelta y se espera a que se pasa también un momento. Si se quiere tierna se saca pronto, si en cambio se quiere dura hay que dejarla más tiempo. Está mejor si se sirve recién hecha.

La tortilla española puede llevar un poco de jamón, chorizo, tomate, perejil o ajo. Entonces se llama tortilla paisana.

1. Mention two merits of the Spanish omelette. (2)
2. What is its chief ingredient? (1)
3. As a picnic meal, how might it be served? (1)
4. What is the basic recipe for a Spanish omelette? (5)
5. How are the vegetables prepared? (3)
6. What is the method of cooking? (1)
*7. What are the pots and pans required? (2)
8. How can the omelette be turned for cooking the second side? (1)

9. What determines how long each side is cooked? (2)

*10. What herbs may be added if desired? (2)

Notes

7. This is an example of a question where the answer is not all in one place. It is necessary to read several sentences to find all the pots and pans mentioned. Remember that where the facts are simple there may not be a whole mark for each.

10. Five things may be added but which of these are herbs?

3 AN INTERRUPTED JOURNEY

El tren paró en la estación de un pueblo de la llanura. Antonio se despertó y preguntó a su único compañero:

— ¿Qué hora es?

— Las ocho en punto. No salimos de aquí hasta las ocho y seis.

— Bueno, voy a bajar un momento.

Abrió la portezuela y saltó al andén. Además de tener hambre se había aburrido bastante durante el viaje. Sacó unos duros del bolsillo y se fue corriendo a la cantina. Luego fue al quiosco pero tenía que esperar detrás de varias personas. Miró el reloj de la estación. Le quedaban sólo dos minutos. Súbitamente escuchó con atención. ¡El tren se puso en marcha! Su compañero de departamento debía de haberse equivocado con la hora. Volvió al andén y corrió tras el tren pero un mozo le cogió del brazo, diciéndole:

— Déjalo. No vale la pena matarse.

— Y mi equipaje—empezó a decir Antonio, cuando su maleta apareció en el andén. Su compañero del departamento la había tirado por la ventanilla.

— Gracias—gritó Antonio.

El mozo la cogió y se la pasó a Antonio.—Pesa mucho, ¿verdad?

Antonio le dio una propina y tomó la maleta. Pesaba muchísimo. Demasiado. Antonio la dejó caer en el suelo y la miró. Su maleta era negra y ésta era azul marino. Su compañero se había confundido otra vez.

— ¿No es suya?—preguntó el mozo y se echó a reír. Al fin dijo:

— No se preocupe, señor. Vd. puede coger el próximo tren y llegar no mucho después que el otro. Seguramente el dueño de ésta estará esperándole en la terminal.

    1. Was the station in a highland or lowland area?   (1)

*2. What was Antonio doing before the train stopped? (1)

    3. How many passengers were there in the compartment?   (1)

    4. Why did Antonio get out of the train?   (3)

    5. How can you tell from his movements that he was in a hurry?   (2)

    6. What sort of purchases did he make?   (1)

    7. What time was it when he looked at the station clock?   (1)

*8. How did Antonio's travelling companion try to make up for his first mistake?   (1)

    9. What was the man's second mistake?   (1)

    10. What were the porter's reactions to the situation?   (3)

Notes

  2. You are not told what he was doing but it is obvious from *se despertó*.

  8. Do not give more than you are asked here. The fact that he did not succeed is the answer to the next question.

4 A LITTLE GIRL STARTS A NEW LIFE

Ayer una pequeña huérfana survietnamita llegó al aeropuerto de Londres. Sonriente y mal vestida con pantalón y jersey viejos, abrazó a sus padres adoptivos, los señores Marlow de Birmingham. Según el pasaporte la niña se llama Marie Marlow y tiene seis años de edad. De veras nadie sabe quien es Marie.

Hace cuatro años una compañía de soldados norte-americanos descubrió a la niña en su campamento. Estaba sucia y tenía hambre y frío. Quizás la madre la había dejado allí cerca porque ya no tenía que darle de comer. Más tarde los soldados entregaron a la niña a unas monjas con los pocos detalles que tenían de ella.

Un periodista inglés, Richard Marlow, fue testigo del suceso. A pesar de todos los acontecimientos de la guerra nunca se olvidaba de la niña. A volver a su país habló con su mujer y el matrimonio, cuyos hijos eran ya mayores, decidieron adoptar a la niña survietnamita. Las monjas la habían dado el nombre de Marie y la habían cuidado bien. Las autoridades tardaron tres años en preparar los documentos y mientras tanto Marie aprendió unas palabras de inglés.

Hoy una víctima de la guerra empieza una nueva vida y me he dicho en inglés:

— Mañana ... yo ... ropa nueva.

1. Describe Marie's appearance on arrival at London Airport. (2)
  2. Who met her there? (2)
  3. Who gave the child her two names? (2)
  4. What was the probable reason for her being abandoned? (1)

5. What did the U.S. soldiers do with her? (2)

6. What was Richard Marlow doing in Vietnam? (1)

7. When did Richard Marlow tell his wife about the abandoned child? (1)

8. What can you learn from the passage about the Marlows apart from their decision to adopt Marie? (2)

*9. Why did it take so long to adopt her? (1)

10. What was Marie trying to tell the reporter in English? (1)

Note

9. In answering any 'why' question be sure to write a sentence but do not waste time by repeating the words of the question. Here you could simply translate the first half of the sentence which begins *Las autoridades*.

5 PRIMERA LLEGADA DE LOS BARBAROS

Los primeros bárbaros que entraron en España, fueron los más feroces y destructores. Eran varias tribus que se habían unido para la invasión y entre las que se señalaban como principales los 'suevos', los 'alanos' y los 'vándalos'. El nombre de estos últimos se conserva en España para significar todo lo que es destructor y salvaje. Eran hombres fuertes, y llevaban, larga, hasta los hombros, la caballera rubia. Se vestían nada más que con unos mantos de lana; y sus armas eran hachas y espadas, hechas de piedra o de madera.

Estas tribus feroces ocuparon principalmente la parte de Galicia y Portugal, el Centro y Andalucía, que de los 'vándalos' tomó su nombre 'Vandalusía'. Un escritor de aquellos tiempos, Idacio, que presenció la invasión con ojos de buen periodista, asegura que entraron destruyéndolo todo y dejando tras sí el hambre y la ruina.

From *La Historia de España Contada con Sencillez* by *José María Peman*

1. How were the first Barbarians to invade Spain different from those who followed? (2)

2. What tribes united for the original invasion? (1)

3. Mention two ways in which the name of one tribe became part of the language of Spain. (2)

4. How did the Vandals wear their hair? (1)

5. How were they dressed? (1)

6. How did they fight? (2)

7. Where did the Barbarians chiefly settle? (2)

8. When did Idacio live? (1)

9. With what may his writing be compared? (1)

10. What, according to Idacio, was the result of the invasion? (2)

6 A DISASTROUS EVENING

Las calles estaban cubiertas de hojas amarillentas y rojizas caídas de los árboles. Un viento glacial soplaba, pero había mucha gente que iba y venía por la plaza donde Manuel esperaba. Se refugió en el portal del ayuntamiento que estaba enfrente del restorán al cual iba a invitar a Carmen antes de llevarla al cine. Aquella noche era muy especial: era el cumpleaños de Carmen, que cumplía dieciocho años, dos menos que él. Además, en el cine daban una película en que él tenía mucho interés en ver.

El reloj de la iglesia dio las ocho. Carmen debía haber llegado hacía veinte minutos. Después de otros cinco minutos apareció. La nariz de Manuel estaba roja de frío.

Entraron en el restorán. Manuel sacó un paquete que había traído para ella. Al abrirlo, Carmen halló un collar de perlas.

— Es precioso, Manuel. Muchas gracias. Me lo pongo ahora mismo.

El camarero se les acercó. La chica dijo que no tenía
hambre y que su médico le había puesto un régimen. Sin
embargo, el chico insistió. Durante la comida la chica
repetía que no tenía ganas de cenar y Manuel insistía en
que debía comer pero ya con menos fuerza porque había
leído los precios. Carmen comió entremeses, langosta, filete,
ensalada, helado, queso y fruta y bebió vino y tomó café. Su
novio, después de un plato de sopa, no había comido nada.
Pero a pesar de esto, la cuenta resultó demasiado cara y
muy avergonzado Manuel tuvo que pedir el collar de perlas
para pagar la cuenta. Carmen enfadada, tiró el collar y una
por una las perlas cayeron al suelo.

Questions

*(The numbers in brackets after each question tell you how
many points to include in your answer.)*

    (*a*) Which season was it and how do you know?   (2)
    (*b*) Describe the weather.   (2)
    (*c*) Where was the restaurant?   (1)
    (*d*) Why was it a 'special' evening?   (2)
    (*e*) How old was Manuel?   (1)
    (*f*) How many minutes late was Carmen?   (1)
    (*g*) What were Carmen's initial reasons for not wanting
to eat?   (2)
    (*h*) Who ate the least and why?   (2)
    (*i*) Why was Manuel ashamed?   (1)
    (*j*) What was the result of Carmen's anger?   (1)

*North Western Secondary School Examinations Board,
1971*

7 THE DAILY VISIT TO THE MARKET

Ama y criada eran ya viejecitas. No obstante seguían
saliendo juntas al mercado como solían de jóvenes. Hace

más de cincuenta años, Bárbara se casó con don Roger y la pequeña Luz les acompañó al nuevo piso que daba al bonito Parque del Oeste. Doña Bárbara, ayudada siempre por la fiel Luz, criaban alegremente a sus cuatro niños en el sano ambiente de aquella parte de la capital donde sopla el viento puro de la Sierra de Guadarrama. Don Roger había muerto y los hijos se había marchado a los cuatro rincones del mundo pero las dos mujeres vivían contentas aún en su silencioso piso.

Aquel día de agosto iban ambas vestidas de negro como de costumbre, la señora con uno de sus muchos trajes elegantes y el pelo ligeramente teñido de azul, la criada con un vestido muy pasado de moda cubierto de un limpísimo delantal blanco. Esta llevaba zapatillas viejas porque era uno de los días que le dolían los pies agotados e hinchados.

La una llevando el monedero y la otra la cesta grande, se acercaban a aquella atestada y olorosa parte del mercado donde estaban los puestos de alimentos de todas clases. Doña Bárbara se paró un momento para mirar la lista que había apuntado en una hoja apenas bastante grande: merluza, gambas, perejil, ciruelas, col, pollo, hígado, aceite, canela, harina, galletas. Las dos iban de puesto en puesto, saludaban a los tenderos, charlaban, de vez en cuando le discutían a uno el precio o la calidad de una cosa hasta que estuvieron satisfechas y la cesta llena. Un día de estos, pensó doña Bárbara, hay que cambiar de sistema. Llevar la cesta pesada cansaba cada día más a Luz.

— Espérate aquí a la sombra,—le mandó.—Tengo que comprar sobres y—consultó la lista—papel a prueba de grasa y una cremallera.

   1. What was the relationship between doña Bárbara and Luz? (1)

   2. How long had they been in the habit of going to the market together in the mornings? (1)

3. Describe the place where doña Bárbara had lived all her married life. (3)

4. Why was her home so quiet now? (2)

5. Compare and contrast the appearance of the two women. (4)

6. Describe the food section of the market. (1)

7. On what had doña Bárbara made her shopping list? (1)

8. From her list name one herb, one spice, one kind of meat or fish, one fruit or vegetable and one other article. (5)

9. Why would they be a long time at each stall? (1)

10. What made doña Bárbara tell Luz to wait where she was while she finished the shopping? (1)

8 A BLACK POODLE

Un día de invierno Robert y Angela salieron de su casa cercana a Manchester para visitar a unos amigos que vivían en un pueblecito de Yorkshire. Fueron en coche y llevaron a su perrito. El pequeño Blackie no tenía nada más que dos meses y era imposible dejarlo en casa un día entero.

El perrito no molestaba a nadie. Dormía durante el viaje y en casa de los amigos, después de comer y jugar un rato se durmió de nuevo delante de la chimenea.

A las ocho Robert cogió a Blackie y lo metió en el coche. Angela salió, subieron al coche y se pusieron en camino. Era una noche oscura y hacía mucho frío. Al cabo de una hora cuando estaban en lo alto de la nava Blackie empezó a chillar. Quería bajar. Angela abrió la portezuela y el perrito salió deprisa a pesar del frío. Robert lo siguió más despacio.

— ¿Lo ves?—preguntó a su mujer.

— No—respondió nerviosa.—¡Blackie! ¿Dónde estás?

— Debe de estar por aquí—dijo Robert.—¡Aquí, Blackie!
¡Ven!

Pero no veían nada y no oían ningún ruido.

Robert tomó la linterna y buscó al perro entre los
arbustos y las piedras de la montaña mientras Angela se
quedaba cerca del coche llamando, todo sin resultado
ninguno. No había más remedio que volver a casa. Angela
lloraba y su marido le prometió:

— Mañana volveremos a buscarlo de día.

Pasaron el domingo buscando y pidiendo noticias del
perrito pero sin éxito. Otra vez tuvieron que regresar sin
Blackie.

— Te compraré otro—dijo Robert.

— No lo quiero aún.

— Todavía hay otra cosa que podemos hacer. Vamos a
poner un aviso en algunos periódicos. Quizás alguien lo
haya visto y lo haya recogido.

Pero parecía que no. Cada día de la semana siguiente
Angela corría a buscar al cartero pero nunca les traía
noticias del perro. Pasaron otros quince días y casi habían
dejado de hablar de Blackie cuando les telefoneó un granjero de los Pennines, diciendo que su pastor había encon-
trado un pequeño perrito de lanas negro como el suyo
viviendo con las ovejas.

— ¡Con las ovejas!—exclamó Robert.—¿Es posible?

— Antes, hubiera dicho que no,—contestó el granjero,
—pero si que es posible. Una de mis ovejas negras lo ha
adoptado. Pero, mire,—dijo el granjero, vacilando,—Vds.
van a tener problemas ...

— ¿Por qué? ¿Está herido?

— No, no, nada de eso. Está muy fuerte y sano aunque
algo sucio.—De repente el granjero se echó a reír a carcajadas.—Es que el perrito cree que es un cordero.

1. Why did Robert and Angela take the puppy visiting with them? (1)
2. How did it spend the greater part of the day? (1)
3. Describe the place where the dog was lost. (3)
*4. What efforts were made to find it that night? (2)
*5. What further efforts were made to get it back? (2)
6. Why was Angela waiting for the post each day? (1)
*7. Who eventually found the poodle? (1)
8. Who told Robert this and how did he get in touch with him? (2)
*9. What makes you think that the behaviour of the ewe was very unusual? (1)
10. Why did the farmer burst out laughing? (1)

Notes

Some of these questions are more difficult. You will have to use information from several sentences and make some intelligent deductions.

4. Be accurate here; take notice of *that night*.

5. Since *efforts* is plural answer as fully as possible.

7. Be careful here. The next question should tell you that it was not the farmer.

9. It is not enough to say from your own knowledge *ewes do not usually look after any young but their own*. How can you tell this from the passage?

9 AT THE DENTIST'S

Era la una y media de la tarde. El dentista estaba cansado. Siempre tenía mucho trabajo pero aquella mañana había sido peor que nunca. Sólo le quedaba media hora de descanso antes de empezar de nuevo. Decidió no salir a comer. Prepararía café y, con el pan y queso que Isabel le había puesto para una merienda, tendría bastante. Además quería escuchar el programa de música que emitían los viernes a esas horas. Llevaría una bandeja a su clínica dental y pondría su transistor.

Dicho y hecho y con el café y la música se sintió mejor.

El horario en la puerta del dentista anunciaba que sus horas de trabajo eran desde las nueve y media hasta la una y luego desde las dos hasta las siete y media. Al cabo de unos veinte minutos de descanso el dentista oyó entrar a alguien. Será ese señor con la boca malísima que está citado para las dos, se dijo. En seguida oyó un jaleo en la sala de espera y se acordó de la segunda cita de la tarde—los niños más traviesos del pueblo. Un día de estos, se dijo, tendré que pegar a estos pequeños diablos. Cerró los ojos.

Pasó cuarto de hora más. El programa de música se acabó y comenzó una obra dramática. El dentista no notó el cambio. Estaba soñando con un ancho río atestado de truchas donde podía pescar tranquilamente sin que nadie le interrumpiese. Pero en la sala de espera todos los pacientes se inquietaban. El dentista estaba muy retrasado y había empezado a reñir en voz alta a algún paciente. De repente soñó un grito agudo.

— ¡Dios mío!—exclamó la madre de los traviesos niños. —¿Qué hace?

Oyeron a alguien sollozar y una voz temblando decía: —¡No! Es bastante, no puedo más.

Los niños se pusieron a llorar.

— Mamá, no quiero ver al dentista.

— Mamá, llévanos a casa.

La madre vacilaba hasta que llegó a la sala un rugido de terror. Entonces les cogió a los niños de las manos y se marchó con ellos. Había cuatro clientes más. Uno tras uno les siguieron a la calle. El último dio un buen portazo.

El dentista se despertó y se dio cuenta del ruido del transistor. Lo apagó, miró el reloj y se apresuró a abrir la puerta. Vio a sus pacientes correr por la calle. Les llamó pero sólo sirvió para hacerles correr más.

¡Idiotas! se dijo enfadado.

Pero luego se echó a reír. ¡Qué cuento para contar en el Bar Vasco esta noche! ¡Y sus clientes no tendrían más remedio que volver a citarse con él porque era el único dentista del pueblo!

El dentista se sentía mucho mejor.

1. What were the dentist's reasons for not going out for his midday meal? (3)

2. How many hours a day did he normally work? (1)

3. What helped him to relax after his busy morning? (2)

4. What was his opinion of the children who were second on his list for the afternoon? (1)

5. What was his last thought before falling asleep? (1)

6. What did he dream about? (2)

7. What sounds did the patients in the waiting room hear from the surgery? (4)

8. What were their reactions to these noises? (3)

9. What was the real reason for the noises? (1)

10. Why did the dentist finally feel so much better? (2)

10 MANUEL WITNESSES A CRIME

Aquella noche Manuel fue a un club nocturno para bailar. Se trataba del lugar mejor considerado de Madrid. Allí asistían las familias más distinguidas, las más acaudaladas, porque su precio de entrada era elevado. Se sentó a una mesa cerca al escenario donde actuaba una orquesta magnífica, con una cantante italiana de moda. En la gran pista central bailaban las parejas.

Manuel pidió una botella de champaña que le llevaron en

un cubo con hielo. La verdad es que no se sentía propicio a animarse ni siquiera en aquel ambiente de alegría; tenía demasiadas preocupaciones y problemas para divertirse.

Al continuar observando a los que bailaban, sufrió una gran impresión. Allí, no distante, vio que la Duquesa de Arévalo, amiga de su madre, iba de pareja con un hombre alto, elegante, de pelo canoso. ¿Quién sería? Manuel siguió mirándolos.

Pero lo que vio poco después le hizo levantarse y tratar de intervenir. La pareja de la Duquesa, con una maña excepcional, que demostraba que era 'viejo' en tales menesteres, elevó la mano que llevaba enlazando a la mujer y desabrochó el valioso collar de perlas que ella lucía, y con rapidez y habilidad, sin que la interesada le apercibiese, la hundió en uno de los bolsillos de su traje de etiqueta. Ninguno de los que estaban alrededor se dieron cuento, y aquel 'tipo' sonreía satisfecho por su rotundo triunfo.

Manuel cruzó en línea recta, y se detuvo ante la Duquesa y el que la acompañaba, cogiendo al desconocido de un brazo y exigiendo en tono tajante, violento:

— Devuelva a la señora lo que acaba de robarle.

(*a*) What are we told about the night-club?

(*b*) What are we told about the music in the club?

(*c*) When Manuel had given his order, what did they bring him?

(*d*) With whom was the Duquesa dancing?

(*e*) What did Manuel see the Duquesa's partner do?

(*f*) What did Manuel order the partner to do?

Oxford Local Examinations G.C.E. 1973

11 AN INTERVIEW WITH A HEADMASTER

Sebastián acaba de mudarse de casa y sus padres buscan un colegio nuevo para él. Hoy Sebastián asiste a una entrevista con el director de un instituto del pueblo extremeño en donde la familia reside ya. La cita tiene lugar a las once y Sebastián entra puntualmente en el despacho.

— Tengo aquí tus notas de tu colegio anterior en Badajoz,—dijo el director.—Son bastante buenas excepto las del profesor de francés. ¿No te gusta este idioma?

La pregunta es muy directa pero Sebastián logra ser diplomático.—Sí, señor, pero no lo entiendo bien por el acento. El profesor era suizo.

Luego el director le pregunta si le gusta hacer deportes. Sebastián contesta con entusiasmo.

— En Badajoz tenemos un buen club deportivo para jóvenes. Soy socio y juego al fútbol, hockey y baloncesto. Recibo clases de natación y boxeo también.

— Entonces no te queda tiempo para otro tipo de pasatiempo.

— Pues, sí. Soy coleccionista de sellos y hago modelos de aviones. Me gusta también pescar.

— Debes de estar muy ocupado. ¿Cuándo haces los deberes?

— Tan pronto como vuelvo a casa, señor. Mi madre no me deja salir hasta que los termino.

— Bueno, Sebastián. Diles a tus padres que pasen ahora y vete al patio. Es la hora del recreo. Vuelve dentro de diez minutos.

Los padres de Sebastián estaban esperando en el pasillo.

Les dio el mensaje y salió a mirar a los niños en el patio.
El reloj de la iglesia dio las once y cuarto. Se apoyó en
una pared y se preguntó si había hablado demasiado de sus
pasatiempos y no lo bastante de sus clases. Los directores
hacen unas preguntas tontas e inesperadas.

*1. ¿Por qué es necesario que Sebastián vaya a otro
colegio?   (1)
  *2. ¿En qué parte de España vive?   (2)
   3. ¿Qué asignatura resulta difícil a Sebastián?   (1)
   4. ¿De qué nacionalidad era el profesor de esta asignatura?   (1)
   5. ¿Por qué se entusiasma Sebastián?   (2)
  *6. ¿Tiene Sebastián algunos pasatiempos que no se
hacen al aire libre?   (2)
  *7. ¿Cuánto tiempo dura la entrevista?   (1)
  *8. ¿Qué tiene Sebastián que hacer primero al salir del
despacho?   (2)
   9. ¿Por qué se atormenta Sebastián en el pasillo? (2)
  10. ¿Cuál es la opinión de Sebastián tocante a los
directores?   (1)

Notes

Answering the questions in Spanish has a dual purpose;
to test your understanding and your ability to manipulate
the language so as to answer correctly in your own words.

   1. Do not begin with *porque* but a short first statement
is sufficient. E.g. *Es preciso porque ...*

   2. Two marks here indicate that more than a name is
required. *Badajoz* is not the answer but along with *extremeño* it provides the clue.

   6. The answer to such a question begins with *sí* or *no*
but a single word is never enough. In this case name the
relevant hobbies.

   7. Some examining boards are very fond of these simple

arithmetical problems. You would be surprised how many pupils get the sums wrong.

8. Answer exactly what the question asks. You gain no marks and waste time repeating the headmaster's other instructions.

12 SOME WELL-KNOWN BIRDS

La gaviota es un pájaro bien conocido en las costas y las rías. Se la ve tierra adentro cuando hay grandes tempestades. Estos pájaros viven en colonias numerosas en las rocas cerca del mar. Aquí la hembra pone los huevos y las jóvenes se crían. Las gaviotas comen peces y mejillones y a menudo se ven siguiendo los barcos, chillando y luchando entre sí, porque saben que donde hay hombres hay pan.

El martín pescador tiene plumas de colores brillantes. Verle al sol o reflejado en el agua del río es algo maravilloso. Vive en un agujero en la orilla, de donde sale para sentarse en la rama de un árbol. De su alta percha se lanza sobre un pez, usando el largo pico como una espada para cogerlo. En seguida lo golpea en una piedra para matarlo.

El pájaro carpintero es muy gracioso. Construye el nido dentro del tronco de un árbol. En la primavera se le oye todo el día picoteando para hacer el nido y después sigue trabajando con su fuerte pico agudo para extraer los insectos que se hallan en la madera, para dar de comer a sus pajarillos. Un par de pájaros carpinteros hacen mucho jaleo en el jardín.

Finalmente, el canario es un pájaro muy español porque es indígeno de las Islas Canarias. Hoy es el pajarito más popular con las familias españolas; sus plumas amarillas son bonitas y canta mucho. Cuando hace buen tiempo se ven las jaulas colgadas de los balcones y las paredes de las casas y se oye por la calle el canto alegre de los canarios.

1. ¿Dónde están los nidos de las gaviotas? (2)
2. ¿Cuándo dejan el mar? (1)
3. ¿Cómo es el martín pescador? (2)
4. Explica como atrapa y mata un pez. (3)
5. ¿Por qué picotea el pájaro carpintero la madera? Menciona dos razones. (2)
6. ¿Por qué se sabe sin duda si hay pájaros carpinteros en el jardín? (2)
7. ¿De qué modo es distinto el canario de los otros tres pájaros? (2)
8. ¿Por qué se oye a menudo en las calles españolas el canto del canario? (2)
9. ¿Cuáles de estos pájaros comen peces? (2)
10. ¿Cuáles viven en agujeros? (2)

Note

In answering these easy questions on a factual passage be particularly careful to use your own words. The last three questions are examples of the kind which require understanding of the whole passage at once.

13 A DIFFICULT VISITOR

Los Enriquez viven en Madrid. Siempre habían vivido en la capital.

Una prima de dieciocho años, a quien los jóvenes Enriquez no conocían bien, llegó de un pueblecito de Soria a pasar unas semanas del verano con ellos. El primer día la prima, que se llamaba Cristina, salió de compras con las dos niñas de la familia y por la tarde todos pasearon juntos por la Gran Vía. De vuelta a casa, cenaron y se quedaron de sobremesa hablando del dia siguiente.

— ¿Te gusta nadar, Cristina?—preguntó Ramón—
¿Vamos a alguna piscina?

— No, no me gusta mucho. No sé nadar bien.

— Entonces, ¿prefieres ir al Prado o a otro museo de
arte?—preguntó Rosa.

— Podemos hacer eso cuando haga mal día,—replicó
Cristina.

— Es verdad,—dijo Rita.—¿Por qué no vamos al Retiro?
Cristina no dijo nada.

— Ponen varias películas buenas esta semana,—dijo
Roberto.—A lo mejor no las has visto en Soria, Cristina.
¿Qué dices?

— Quizás podemos ir una noche. Sería una lástima no
estar al aire libre.

— Pero si no ...

— Hijos, ¿por qué no preguntáis a vuestra prima qué
le gustaría hacer?

— Bueno. ¿Adónde quieres ir, Cristina?—preguntó Rosa.
Cristina suspiró.—Lo que me gustaría es hacer una
excursión a la sierra. ¿Sabéis? Madrid es magnífico pero
no puedo respirar en él. Anhelo estar un rato en las
montañas.

Los cuatro niños Enriquez se miraron atónitos. Habían
creído que una chica que vivía en el campo se impresionaría
por la gran ciudad. Llevarla a la sierra les parecía como
echar agua en el mar.

1. ¿Dónde nacieron los cuatro hermanos Enriquez? (1)

2. ¿Por qué no estaba acostumbrada Cristina a la vida
de la ciudad? (1)

(3) ¿Cuánto tiempo va a estar en Madrid? (1)

4. ¿Cómo pasó Cristina el primer día en Madrid? (3)

5. ¿Cuándo discurrieron una diversión para el siguiente
día? (1)

6. ¿Por qué no quería Cristina nadar? (1)

7. ¿Por qué no quería ir a un museo o al cine?   (2)

8. ¿Quién está de acuerdo con Cristina sobre el museo?   (1)

9. ¿Por qué quería Cristina ir a la sierra?   (2)

10. ¿Por qué no se les había ocurrido esta idea a los Enriquez?   (2)

14   CAUGHT IN THE STORM

Parecía anochecer aunque eran sólo las cuatro. Había nubes bajas y negras.

Tendré que darme prisa, pensó Catalina.

Llevaba sólo una blusa de algodón y una mini-falda. Decidió tomar un atajo que conocía, entre el cortijo del tío Pepe y su casa. Atravesó unos campos, cruzó el arroyo y subió hacia las ruinas del castillo. Consistían en sólo una torre sin tejado y unas murallas caídas.

Al pasar las ruinas, Catalina sintió las primeras gotas. Un momento más tarde vio un relámpago y se tapó los oídos para evitar el ruido del trueno. De veras tenía miedo de las tormentas. ¿Qué hacer? Vacilaba entre refugiarse en la torre y seguir adelante. Todavía estaba escuchando el eco del trueno cuando oyó una voz conocida.

Catalina quiso abrazar a su hermano pero sólo dijo:

— Vámonos, Agustín. Va a llover a cántaros.

1. ¿Cómo era el cielo?   (2)

2. ¿Cómo trataba Catalina de llegar pronto a casa?   (2)

3. ¿Cómo iba vestida?   (1)

4. ¿Dónde había estado durante la tarde?   (1)

5. Describe el castillo.   (3)

6. ¿Cuándo empezó a llover?   (1)

7. ¿Qué hizo Catalina cuando estalló la tempestad?   (1)

8. ¿Por qué se detuvo cerca del castillo?   (2)

9. ¿Quién llamó a Catalina? (1)
10. ¿Cómo se sabe que Catalina se alegró al verle? (1)

15 JUANITO WRITES A LETTER

Andrés hacía sus deberes y sentado a la misma mesa Juanito, su hermano de ocho años, trataba de escribir una carta. Había celebrado su santo hacía unos días y quería dar las gracias a su abuela y contarle como pasó el día.

— Andrés, ¿pongo la fecha a la derecha o a la izquierda?

— A la derecha.

— Y después de *Querida abuelita* pongo un punto, ¿verdad?

— Dos puntos, tonto.

Hubo unos minutos de silencio mientras los dos hermanos trabajaban. El mayor dibujaba un mapa de las regiones agrícolas de la península ibérica y lo encontraba difícil. Cuando Juanito le interrumpió otra vez se enfadó.

— Le pongo que me gustan la escopeta y el chocolate y que Carlitos me regaló una pelota grande. ¿Qué más digo?

— Dile que eres un pesado y que das mucho la lata.

— Voy a decirle que eres tú el latoso, que nunca me ayudas y que voy a ser más listo que tú.

Juanito cogió el bolígrafo de nuevo y volvió a escribir alegremente.

— Bueno, díselo y déjame en paz. Si el maestro me pregunta otra vez por qué tengo malas notas, le diré que tú me molestas cuando hago los deberes.

Juanito, sin escuchar ni una palabra más, había terminado su carta y sacado un sobre.

— Andrés, ¿quieres escribirme la dirección? Lo haces mejor que yo.

— ¡Dios mío!—suspiró el pobre Andrés.—Bueno, lo haré si te vas en seguida a echarla al buzón.

1. ¿Qué hacía el hermano mayor? (1)
2. ¿Qué hacía el hermano menor? (1)
3. ¿Hace cuánto tiempo fue el santo de Juanito (1)
4. ¿Qué dijo Andrés a Juanito sobre la fecha y la puntuación? (1)
5. ¿Qué tenía que indicar Andrés en el mapa que dibujaba? (1)
6. ¿Qué le regaló a Juanito su abuela? (1)
7. ¿Con qué escribió Juanito la carta? (1)
8. ¿Por qué echó Andrés la culpa a su hermano? (1)
9. ¿Por qué no contestó Juanito cuando se lo dijo? (1)
10. ¿Por qué consintió Andrés en escriber el sobre? (1)

16   A VISIT TO THE HAIRDRESSER'S

Marta veraneaba en un pueblo de la Costa Brava. Un día fue a una peluquería de la Calle Mayor y pidió a la peluquera que le cortase el pelo. La peluquera miró el cabello de Marta y lo tocó.

— Lo quiero muy corto,—dijo Marta.

— Sí, señorita. Será mejor cortarlo mojado. Pase Vd. al lavabo, por favor.

Una chica de unos dieciséis años empezó a lavar el pelo de Marta. Lo mojó y echó el champú, que hizo gran espuma. Entonces la chica abrió el grifo. Y no salió agua.

— ¡Ay!—exclamó.—Han cortado el agua otra vez. Es un fastidio. Un día cortan el agua, otro la electricidad y todo sin avisarnos.

— ¿Qué vamos a hacer ahora?—preguntó Marta, con la cabeza todavía colgando por encima del lavabo. Ya le dolía el cuello.

— Espere un momento. Voy a ver si tenemos agua en la cocina. Seguramente habrá bastante para aclarar su pelo, señorita.

Al cabo de dos minutos volvió con dos jarros de agua fría.

— ¡Madre mía!—suspiró la pobre Marta. Menos mal que no estamos en invierno.

— No se preocupe Vd. En invierno no se corta nunca el agua.

1. ¿En qué estación del año sucedió este episodio? (1)
2. ¿Dónde estaba la peluquería en la que entró Marta? (2)
3. ¿Cómo era el pelo de Marta? (1)
4. ¿Por qué la dirigió la peluquera al lavabo en seguida? (2)
5. ¿Cómo se sabe que no fue la primera vez que pasó algo inoportuno? (2)
6. ¿Por qué le pareció a Marta un pequeño desastre? (2)
7. ¿Cómo se había preparado la peluquera para tal dificultad? (2)
8. ¿Cuánto tiempo tuvo que esperar Marta antes de que la chica aclarase su pelo? (1)
9. ¿Por qué se asustó Marta? (1)
*10. ¿Por qué no fueron un gran consuelo para Marta las palabras de la chica? (1)

Note

10. This question comes last because the girl offers her words of consolation at the end but the answer is in the opening sentence. Always be prepared to find the information for any answer in *any* part of the passage or in all of it.

17 PALOMA STAYS AT HOME

A Paloma le gusta ir a la escuela, pero ayer no le apeteció. Así lo dijo mientras la familia desayunaba.

— Muy bien,—dijo su padre en vez de reñirle.—Ya sabes que mamá no está bien. Me parece que debe descansar. Quédate en casa y cuídale. María, ¿por qué no vuelves a acostarte?

La madre se fue a la cama, el padre salió a trabajar y los tres hermanos menores de Paloma se fueron a la escuela. Paloma se ocupaba de las tareas domésticas. Quitó la mesa y fregó. Después, llevó dos aspirinas y un vaso de agua a la madre e hizo las camas. Trabajaba despacio porque estaba ya algo cansada. Antes de bajar le preguntó a su madre:

— ¿Te traigo un vaso de leche caliente?

— No. Prefiero una taza de té.

Paloma puso un cazo de agua a hervir y preparó el té. Su madre lo bebió muy agradecida y se durmió. Paloma decidió empezar a preparar la comida. Se dio cuenta que a ella también le dolía la cabeza y después de estar de pie delante de la pila, que también le dolía la espalda. La comida era sencilla, sin embargo no estaba lista cuando volvió el padre a las dos. Los niños ya estaban diciendo que tenían hambre y que mamá siempre les daba de comer inmediatamente. Súbitamente Paloma se echó a llorar.

— ¡Callaos!—les rogó.—Me duele todo. No puedo trabajar deprisa hoy.

— Me parece que tienes la gripe como mamá,—suspiró su padre.—Come un poco y vete a la cama a descansar.

— Sí,—dijo Paloma triste.—Estoy más cansada que cuando voy a la escuela. No me volveré a quedar en casa.

1. ¿Cuándo dijo Paloma que no quería ir a la escuela? (2)

2. ¿Por qué dijo el padre de Paloma que podía quedarse en casa? (2)

3. ¿Cuántas personas había en la familia? (1)

4. ¿Qué clase de bebida caliente tomó la madre? (1)

5. ¿Qué quehaceres hizo Paloma antes de subir con las aspirinas? (2)

6. ¿Qué hizo Paloma arriba? (2)

7. ¿Cómo se sabe que Paloma no estaba bien? (5)

8. ¿Qué tenía la madre? (1)

9. ¿Por qué estaba extraño que la comida no estuviera lista cuando volvieron el padre y los niños? (2)

10. ¿De qué se quejaron los niños? (2)

18 A WET LUNCH HOUR

Linda y Susan había terminado la escuela hacía un mes y estaba trabajando como meconógrafas en un banco del centro de Manchester. Aunque era julio hacía muy mal tiempo durante la primera semana. El viernes después de comer en la cantina del banco se aburrían al no poder salir.

— ¡Vamos de tiendas!—dijo Susan.

— ¡Pero si no tenemos dinero!

— No importa. Vamos a una de las zapaterías de King St. a probarnos zapatos.

Se pusieron los impermeables y cogieron los paraguas y salieron. Entraron en una tienda muy elegante y se sentaron a esperar. Había bastante gente a esa hora. Por fin se les acercó una dependienta joven y Susan le dijo:

— Queremos unas sandalias blancas. Yo uso el número treinta y ocho.

— Yo también,—añadió Linda.

Las dos chicas se probaron una cantidad de sandalias bonitas y carísimas, fingiendo vacilar entre varios pares. Cuando la dependienta no les miraba, se reían y se divertían mucho hasta que una cliente se fijó en ellas y exclamó:

— ¡Susan! ¿Qué haces aquí?

— ¡Mamá! Pues, llovía y decidimos mirar unas sandalias.

¡Pero si no tenéis dinero! ¡Sois un par de frescas; entrar sin dinero y hacer malgastar el tiempo a la empleada.

La madre de Susan se puso muy enojada y mandó fuera a su hija y a la amiga. Salieron muy avergonzadas porque todos habían presenciado la escena y las miraban como si fuesen criminales.

1. ¿En qué mes dejaron Susan y Linda la escuela?   (1)
2. ¿Qué clase de trabajo hacían las chicas?   (2)
3. ¿En qué ciudad estaba el banco?   (1)
4. ¿Por qué estaban aburridas las chicas?   (1)
5. ¿Qué propuso Susan?   (1)
6. ¿Cómo se arreglaron para ir a la calle?   (2)
7. ¿Qué número de calzado usaba Linda?   (1)
8. ¿Cómo se divertían las dos chicas en la zapatería?   (2)
9. ¿Por qué estaba enfadada la madre de Susan?   (2)
10. ¿Por qué tenían vergüenza las dos chicas?   (2)

19   AN ENGLISH STUDENT GOES TO TEACH IN SPAIN

Jennifer Carter, estudiante de diecinueve años, tomó su maleta y se dirigió hacia la salida del aeropuerto de Málaga. Cerca de un quiosco de periódicos encontró a la señora de Jiménez que se presentó, diciendo:—Hola, Jennifer. Bienvenida a España. Déjeme que yo lleva la maleta.—Gracias, pesa mucho—respondió Jennifer.

Después de un viaje de media hora en el coche de la señora, pasaron a través de una gran puerta de hierro y luego vio la casa donde iba a pasar seis meses. Era enorme, de once habitaciones y rodeada de un muro alto y blanco.

— Aquí vienen mis hijos—dijo la señora al entrar, Ya habían acudido tres chicos y una criada. La señora sonrió y dijo:

— Mi esposo murió hace un año y ahora, como tengo tanto que hacer, me resulta imposible enseñar el inglés a mis hijos. Pero tú lo harás mejor que yo.

Uno de sus hijos, llamado Alberto, condujo a Jennifer a su habitación en el primer piso. Era pequeña pero tenía lavabo y ducha. Alberto le dijo que esperaría abajo en el comedor y se fue.

Después de quitarse los zapatos, Jennifer se dejó caer en la cama. Tenía mucho sueño y quería dormirse pero se esforzó en colgar su ropa en el armario, lavarse y bajar al comedor a buscar a Alberto.

Questions

1. ¿Cómo había viajado Jennifer a Málaga?
2. ¿Quién le esperaba?
3. ¿Cómo ayudó la señora a Jennifer?
4. ¿Cómo sabe Vd. que era rica la señora de Jiménez?
5. ¿Por qué tenía la señora mucho que hacer?
6. ¿Para qué había venido Jennifer?
7. ¿Por qué subió Alberto con Jennifer al primer piso?
8. ¿Qué hizo ella antes de acostarse?
9. ¿Por qué se levantó de la cama?
10. ¿Qué había en su habitación?

East Midland Regional Examinations Board C.S.E. 1973

20 ROBO EN LA CALLE DE CARMEN

Madrid, 20 de junio.—

La policía ha descubierto un robo que ocurrió anteayer en unos grandes almacenes situados en la Calle de Carmen cerca de la Puerta del Sol. Uno de los ladrones fue detenido en el acto mientras que los otros lograron huir llevándose consigo unas quince mil pesetas.

A las dos y cuarto de la madrugada un coche patrulla de la policía observó, estacionado delante de dichos almacenes, un automóvil con su motor en marcha. Por este motivo los agentes interrogaron al conductor que por fin admitió que esperaba a unos amigos que en esos momentos estaban cometiendo un robo en el interior del establecimiento.

Francisco Torres Navarro, que así se llama el conductor del vehículo, fue llevado a la comisaría de policía mientras que otros agentes entraron en el edificio en busca de los ladrones pero sin encontrar a nadie.

En seguida, la Brigada de Investigación Criminal empezó sus investigaciones. Sólo sabían que los fugados se llamaban Vicente García Blanco y Pedro Núñez pero al cabo de veinticuatro horas habían detenido a ambos hombres y habían recobrado el dinero.

El llamado Pedro Núñez conocía perfectamente los almacenes porque en ellos había trabajado de portero. Al parecer, fue él que planeó el robo.

Penetraron en los almacenes, la cara tapado con un pañuelo negro, la cabeza cubierta de una gorra negra y en los pies zapatos de goma, por un edificio de al lado medio construido. Bajaron a la planta baja donde sorprendieron al viejo vigilante. Le golpearon y después de atarle se dirigieron a las oficinas donde cogieron el dinero que había en los cajones. Estaban a punto de abrir las cajas al ser sorprendidos por la policía. Huyeron a toda prisa y consiguieron salir pasando por obreros del edificio en construcción.

El vigilante a quien atacaron los ladrones resultó gravemente herido y, según nuestros informes, tiene que quedar en el hospital.

Questions

1. ¿En qué fecha ocurrió el robo?
2. ¿Se escaparon todos los ladrones?
3. ¿Por qué tenían sospechas los agentes del coche patrulla?

4. ¿Adónde le llevaron al chófer del coche de escapa?

5. ¿Cuánto tiempo tardó la policía en encontrar a los otros ladrones?

6. ¿Cómo llegó Pedro Núñez a conocer tan perfectamente los almacenes?

7. ¿Cómo entraron en los almacenes los ladrones?

8. ¿Qué llevaban puestos?

9. ¿Por qué no dio la alarma el vigilante?

10. ¿Por qué no abrieron los ladrones las cajas?

11. ¿Cómo lograron salir?

12. ¿Por qué no volvió a su trabajo el día siguiente el vigilante?

Metropolitan Regional Examinations Board C.S.E. 1973

21 BLACKMAIL!

Don Alberto abrió sus cartas mientras desayunaba como de costumbre. Empleó un cortapapeles grabado con «RECUERDO DE TOLEDO» que le regaló hace poco su nieta predilecta, Josefina. Al leer la tercera carta recibió un susto tan feroz e inesperado que casi se desmayó.

— ¡Alberto! ¿Qué te pasa?—exclamó su mujer.— ¿Tienes malas noticias?

— No, no, nada de eso. De veras, no tiene nada que ver con nosotros. Pero al comité no le gustará.—Aun logró sonreír a la nerviosa Josefa. Era imposible decirle la verdad. *Se trataba de un chantaje. ¡Me amenazan con chantaje, a mí, el Alcalde de Castañal!*

Josefa se puso a quitar la mesa en silencio. Don Alberto quedaba en su silla, pensando. ¿Qué hacer? ¿Ir a la policía? ¿O pagarles? Si fuese a don Benito tendría que confesarlo todo y en un dos por tres los vecinos estarían contándose su secreto. Pero claro que ya no sería secreto. Y preferiría hacer cualquier cosa que darles ni una peseta a estos malditos sinvergüenzas que se ganaban la vida explotando los pecadillos de los idiotas como él. Tendrían que ceder la alcaldía a su viejo rival, Ramírez. Sería una lástima. Josefa y la pequeña Josefina estaban tan orgullosas.

Se levantó resueltamente.—Josefa, me voy, Quiero hablar con don Benito en la comisaría,—y añadió,—a ver si me aconseja bien.

1. ¿Qué solía hacer don Alberto durante el desayuno? (1)
2. ¿Con qué lo hizo ese día? (2)
3. ¿Cuál fue su reacción a la tercera carta? (1)
4. ¿Por qué estaba agitado el Alcalde? (1)
5. ¿Cómo se sabe que la mujer se inquieta también? (2)
6. Según creía don Alberto, ¿cuáles eran las dos medidas que se podían tomar? (2)
7. ¿Cuáles serían los resultados de enseñar la carta al policía, don Benito? (3)
*8. ¿Qué le parecían a don Alberto los chantajistas? (1)
9. ¿Por qué lo sentía por su mujer y la nieta? (1)
10. ¿Qué le dijo don Alberto a Josefa al salir hacia la comisaría? (1)

Note

8. *¿Qué le parecían?* This question form is quite difficult. It is the equivalent of the English *How do they appear to him? What does he think of them?*

22 ONE SOLUTION TO WORLD SHORTAGE

Hay una escasez mundial. Estas palabras se oyen por todas partes. Hay una falta de petróleo, de carbón, de estaño, madera, vidrio, papel, lana, comestibles ... y de dinero. Los precios de las materias primas y de los productos de todas clases siguen aumentando.

En cambio hay desechos* y basuras que a menudo desfiguran el paisaje. ¿Y qué hacer con tanto desecho? Un constructor norteamericano ofrece una solución a este problema y también al problema de la escasez de materias.

Ha construido una casa enteramente de desecho. Se dice que es una casa hermosa y robusta a la vez. Primero los cimientos se hicieron con las cenizas de las chimeneas de millares de casas y luego los ladrillos se hicieron de una mezcla de botellas vacías y barro. El ingenioso constructor cogió periódicos y trozos de madera para hacer madera nueva y latas vacías para hacer aluminio. Trozos de hierro se fundieron para la fabricación de desagües y finalmente el constructor pidió basura para abonar el jardín.

¿Y su mayor problema? ¡Encontrar bastante desecho!

1. ¿Cuál es el resultado de la escasez de muchas cosas en todo el mundo? (1)
2. ¿De qué tenemos demasiado? (1)
3. ¿Cuál es el resultado de este exceso? (1)
4. ¿Cómo trató el constructor norteamericano de resolver los dos problemas a la vez? (1)
5. ¿Cómo es la casa que edificó? (1)
6. ¿Cómo empezó a construirla? (1)
7. ¿Qué cogió el constructor para hacer madera? (1)
8. ¿Para qué sirvieron las latas? (1)
9. ¿Qué partes de la casa se hicieron de hierro? (1)
10. ¿Tuvo el ingenioso constructor alguna dificultad en edificar su original casa? (1)

Note

el desecho—rubbish, refuse, débris

This is a straightforward passage with simple questions, the chief difficulty being the technical vocabulary. In such a test it is hard to answer in your own words but you must at least avoid copying whole sentences. Use any phrases you must copy in sentence constructions of your own.

23 LOOKING FOR AN OLD FRIEND

Un asturiano de edad que pasaba unos días de negocios en Madrid determinó buscar a un compañero de su juventud que trabajaba de sereno en el barrio de Argüelles cerca del Parque del Oeste. Durante más de medio siglo, cada vez que Ramón volvía a su pueblo visitaba a Rafael. Este no había estado nunca en la capital y pensaba darle a Ramón una gran sorpresa.

Salió de la modesta pensión detrás de la Torre de Madrid y decidió ir andando hasta Argüelles. Esperó que llegara a la medianoche ya que de día no se puede encontrar a ningún sereno. Había bastante gente en la Plaza de España. Rafael se acercó a un señor sentado en un banco y le pidió que le diriyiese hacia el Parque del Oeste.

— Es muy fácil,—le aseguró el señor. Se puso de pie y señaló con el brazo.—Baje Vd. por ahí y vaya a la derecha por la Calle Ferraz. Siga Vd. todo recto hasta el final y verá el parque. No tardará más de diez minutos.

Pronto Rafael se encontró al final de Calle Ferraz. A la izquierda, bajo la luz de un farol leyó el nombre de una calle ancha cuyas casas daban al parque, Calle Moret. Creía acordarse de haber oído ese nombre a su amigo Ramón. Se sonrió como un muchacho, paró delante de un portal y dio palmadas con vigor. En seguida oyó los pasos del sereno y el repiqueteo de las llaves. Vio acercarse a un hombre alto y fuerte vestido con el largo abrigo de sereno.

— ¡Ramón!—gritó.—¿Qué tal estás? No esperabas ... De repente se calló. No era Ramón sino otro sereno de la misma estatura.

— ¿Busca Vd. a Ramón Orecaín?

— Sí, he venido a Madrid y quería verle.

— Pero, ¿no sabe que .. ? Pero claro que no. Lo siento, señor, pero Ramón murió hace tres días. Anoche le enterraron.

Rafael se quedó inmóvil, pálido y lleno de sorpresa. Luego marchó entristecido.

1. ¿Qué empleo tenía el amigo de Rafael? (1)
2. ¿Cuánto tiempo hace que trabaja en Madrid? (1)
3. ¿Dónde vivía Rafael mientras estaba en Madrid? (2)
4. ¿Por qué buscó a Ramón de noche? (1)
5. ¿Dónde estaba el señor que enseñó a Rafael su camino? (2)
6. ¿A qué hora aproximada llegó Rafael a la Calle de Moret? (1)
7. ¿Cómo logró Rafael leer el nombre de la calle de noche? (1)
8. ¿Por qué se sonrió? (2)
9. ¿Cómo sabía Rafael que se acercaba el sereno antes de verle? (2)
10. ¿Por qué se quedó triste Rafael? (2)

24 A PICNIC

El santo de Clara era el día 11 de agosto. Era un sábado. Había invitado a unas amigas ir consigo y sus hermanos y primos a merendar en un bosque no muy lejos del pueblo en donde vivían todos. Fueron en autobús. Hacía calor y además pesaban mucho las cestas y mochilas en las cuales la madre de Clara había metido los refrescos y comestibles.

Merche, la hermana mayor de Clara, se encargaba de la excursión. Los otros—Clara y su hermano Pepe, tres amigas y cuatro primos—la siguieron hasta un buen sitio al lado de un arroyo. Los pinos daban una sombra agradable. Los niños llegaron a este lugar a las tres y pasaron una hora y cuarto jugando antes de merendar. Jugaban a trepar, correr y esconderse y trataba de coger ranas y caracoles con las manos, pero en vano. Luego Merche puso un mantel viejo en el suelo y arregló la merienda, y les hizo a los otros lavarse las manos en el arroyo.

Había un montón de cosas deliciosas. Todos tenían hambre menos la pequeña Adela. Ella rehusó comer todo lo que Clara y Merche le ofrecieron y se puso a llorar.

— Dejadla,—les aconsejó su hermano Ricardo.—Siempre es muy rara. Está demasiada mimada.

Cuando nadie le hacía caso Adela tomó todas las cerezas y se las comió deprisa.

— ¡Voy a decírselo a mamá!—exclamó Ricardo enfadado,—y te pegará.

— No, Ricardo, no digas nada,—dijeron los demás.— No importa. Es que no podemos comer más.

1. ¿En qué estación del año era el santo de Clara? (1)
2. ¿Por qué no fueron andando al bosque? (2)
3. ¿Cómo llevaron la merienda? (2)
4. ¿Cuántos niños había? (1)
*5. ¿Cuánto tiempo jugaron en el bosque? ¿Lograron coger algunas ranas y caracoles? (2)
*6. ¿Había agua en el sitio que escogió Merche? (1)
7. ¿Qué clase de árbol había en el bosque? (1)
8. Según dijo el hermano de Adela, ¿por qué era traviesa? (1)
9. ¿Qué hizo Adela cuando nadie le miraba? (2)
10. ¿Por qué no se preocuparon los niños por las cerezas? (2)

Notes

5. Here are two questions in one. Have you remembered to answer both parts?

6. It is never enough to answer *Yes* or *No*. In this case show how you arrived at your conclusion that there was or was not water there.

25 A FIRST HOLIDAY ABROAD

La familia Johnson iba al extranjero por primera vez. El padre y el hijo, Mark, tenían mucha ilusión por viajar en avión pero la madre y la hija, Ann, subieron nerviosas. Una azafata elegante les ayudó a sentarse y a colocar los bolsos y chaquetas.

— Poned los cinturones de seguridad y no tengáis miedo, —mandó el señor Johnson.—Os vais a divertir con el vuelo.

— Yo, sí,—contestó el niño.—Menos mal que tengo la butaca junto a la ventanilla.

No sólo a Mark le gustaba el viaje. Casi no había nubes y los pasajeros vieron muchas famosas ciudades y montes de Inglaterra, Francia y España antes de aterrizar en el aeropuerto de Málaga. Todo iba bien. Mostraron los pasaportes, reclamaron los equipajes, pasaron la aduana y encontraron a un empleado de la agencia de turismo que les señaló el autocar para ir a su hotel de Marbella.

El viaje por la carretera de la costa era como un sueño. A pesar de que habían leído algunos libros sobre Andalucía los Johnson nunca se imaginaban tantas cosas nuevas, tanta belleza, tanta calor. Todo se destacaba más con la brillante luz del sur que en su país.

Llegados al hotel los Johnson, así como los demás turistas, tuvieron que entregar sus pasaportes y firmar un formulario para la policía, trámite nuevo para los ingleses. Sin embargo nadie se quejó. Viajar es aprender.

La escena en la recepción era animada. Los pequeños botones corrían de un lado a otro con las maletas pesadas, todo el mundo quería coger la llave a la vez y subir en los ascensores a ver las habitaciones.

¡Qué alegría entrar en los lindos cuartos modernos! Los Johnson tienen un apartamento de dos dormitorios, dos cuartos de baño con ducha, una sala cómoda y un balcón grande. Abrieron las persianas y salieron al balcón. Se quedaron unos momentos extasiados mirando la vista del puerto, el pueblo limpio y las chispeantes olas del Mediterráneo en un silencio encantado.

1. ¿Cuántas personas forman la familia Johnson? (1)
2. ¿Quiénes tenían ganas de ir en avión? (2)
3. ¿Quién les ayudó al entrar en el avión? (1)
4. ¿Estaba satisfecho con su asiento Mark? (2)
5. ¿Dónde tomó tierra el avión? (2)
6. ¿Qué tienen que hacer los turistas antes de recoger las maletas en el aeropuerto? (1)
7. ¿Adónde fueron en el autocar que les indicó el empleado de la agencia de turismo? (2)
8. ¿Cómo se sabe que los Johnson disfrutaban del viaje por la costa? ¿Qué cosas les impresionaban más? (5)
9. ¿Qué hicieron primero los ingleses al llegar al hotel? ¿Cuál fue su reacción? (3)
10. ¿Cómo se sabe que todavía hacía sol cuando los Johnson salieron al balcón de su apartamento? (1)

26 HI-JACKED!

El avión a reacción despegó y subió al cielo como una enorme ave plateada. Pronto se envolvió entre las nubes y la poblada tierra de Hong Kong se borró en el horizonte. Los noventa pasajeros oyeron el sonido del altavoz pero en vez de los anuncios normales sobre la bienvenida, los cinturones de seguridad y el fumar una voz ronca dijo:

— Esto es un secuestro. Si nadie trata de ser héroe, a nadie se le hará daño.

Hubo un momento de silencio antes de oír estallar una mezcla de sonidos; los gritos de las mujeres, un sollozo, las quejas indignadas de los hombres y las penetrantes voces de unos niños que regresaban a sus colegios de Inglaterra.

— ¡Estamos secuestrados!

— ¡Qué estupendo! ¡Que ya no podemos volver a la escuela!

— Te apuesto que Smithy nos pondrá un castigo por no estar puntuales.

— ¿Adónde vamos? ¿Al desierto?

— *¡Cállense, todos!*—Un joven de aspecto árabe y vestido con una especie de uniforme militar había aparecido en la puerta de la cabina de vuelo. Tenía una escopeta con la cual apuntaba firmemente a los pasajeros.

— Siéntense, todos, y no se muevan. ¿Hay algún médico en el avión? El piloto estaba algo temerario y ha ocurrido un pequeño accidente. ¿Ningún médico? Al capitán no le importa mucho, pues dudo que ningún doctor le sirva para nada, pero será una pena por el segundo piloto. Tendrá que pilotar él cuando se mejore un poco.

En ese momento el avión empezó deslizarse por una corriente de aire.

Ni siquiera los niños hacían comentarios. Todos se sentían helados de terror.

1. ¿De dónde procedía el avión y cuál era su destino? (1)

2. ¿Qué esperaban oír los pasajeros cuando se encendió el altavoz? (2)

3. ¿Cuál fue la primera reacción de los pasajeros al darse cuenta del secuestro? (1)

4. Entonces, ¿qué hicieron los hombres? (1)

5. ¿Por qué estaban tan contentos los niños? (1)

6. ¿Cómo era el primer secuestrador que vieron los pasajeros? (2)

7. ¿Qué profesional querían encontrar entre los pasajeros? (1)

8. ¿Qué debía de haber pasado en la cabina de vuelo? (3)

9. ¿Qué sucedió al avión mientras hablaba el secuestrador? (1)

10. ¿Por qué no le contestó nadie? (2)

27 TWO SEA BATTLES

El año 1571 el rey Felipe II de España envió una armada contra los turcos del Mediterráneo. Eran doscientos sesenta y cuatro barcos y casi ochenta mil marineros y soldados mandados por don Alvaro de Bazán, gran marino, y don Juan de Austria, capitán de la armada y hermano del rey. Fue la última cruzada y a don Juan se le llamó el último caballero de Europa. Ganaron la batalla en el Golfo de Lepanto cerca de Grecia porque dividieron la armada turca en dos partes. Un viento favorable al fin del día les ayudaba a los españoles. Fue una batalla memorable y más memorable aún porque luchaba en ella el famoso escritor, don Miguel de Cervantes. La historia de la batalla de Lepanto es narrada magníficamente en el poema de Chesterton.

Diecisiete años más tarde el mismo Felipe II mandó otra armada con quinientos cincuenta y seis barcos para invadir Inglaterra. Se llamaba la Gran Armada y la Armada Invencible. Poco antes murió don Alvaro de Bazán y en su lugar se nombró al Duque de Medina Sidonia, poco experto en la marinería. Y los ingleses estaban preparados. Esperaban al enemigo en el Canal de la Mancha en sus barcos más ligeros. Lograron vencer a los españoles a causa de sus modernos cañones y esta vez el viento ayudaba a los ingleses. Los barcos españoles tuvieron que dar la vuelta a las islas, huyendo por delante de la tormenta, muchos se rompieron en las rocas y sólo sesenta y cinco volvieron a su país. Sin embargo en uno de ellos estaba otro gran escritor, Lope de Vega.

1. ¿En qué siglo tuvieron lugar las dos batallas? (1)
2. ¿Cuál era la fecha de la segunda batalla? (1)
3. ¿Cuál de las dos armadas españolas que se describen aquí era la más grande? (1)
4. ¿Quién pudo llamarse el último caballero de Europa? (1)
5. ¿Dónde pelearon los españoles contra los turcos? (2)
6. ¿Quién ha escrito en inglés sobre la batalla de Lepanto? (1)
7. ¿Por qué no fue el gran marino, don Alvaro de Bazán, a Inglaterra? (1)
8. ¿Cómo se llamaba la armada que mandó el Duque de Medina Sidonia? ¿Era un título apto? ¿Por qué? (3)
9. ¿De qué modo eran distintos los barcos ingleses? (2)
10. ¿Qué escritor español luchó en la batalla que ganaron los españoles y cuál luchó en la que el enemigo fue victorioso? (2)

28 THE DATE PALMS OF ELCHE

Elche, pueblo alegre y próspero del sur de la región de Valencia, se conoce por sus palmerales y la famosísima «Dama». Es el único sitio de Europa donde se cultivan comercialmente los dátiles.

Se cree que las palmeras son de origen fenicio, es decir que los fenicios trajeron dátiles a España para alimentarse y las semillas germinaron allá. Hoy en día se ven millares de palmeras majestuosas en el bonito Parque Municipal y los muchos huertos. El Huerto del Cura, que toma su nombre del sacerdote que era propietario a fines del siglo XIX, es el más conocido y con razón. Aquí se ve el fenómeno de la Palmera Imperial. Esta palmera, así llamada por la Emperatriz de Austria, tiene ocho troncos, un tronco principal del que brotan otros siete, dándole la forma de un candelabro. Además de su gran tamaño la Palmera Imperial es única por haber sido una palmera macho hasta tener aproximadamente 65 años, cuando empezaron brotar los siete troncos adicionales. También en el Huerto del Cura, en medio de las palmeras, los granados, limoneros y naranjos, se encuentra un jardín de raros y exóticos cactus y un estanque que refleja la reproducción de la Dama de Elche, escultura ibérica que se encontró en la Alcudia de Elche en el año 1897. Hoy se ha traslado el original al Museo Arqueológico de Madrid.

Las palmeras son unos árboles muy productivos. Viven hasta tener 300 años. Los dátiles maduran en diciembre. Las hojas, llamadas palmas, mientras están en el árbol son atadas para que tomen un color blanquecino. Después de cortarlas la gente de Elche las vende para usarlas el Domingo de Ramos y también para fabricar objetos como cestos, sombreros y escobas.

1. ¿Por qué es único el pueblo de Elche? (1)
2. La palmera no es indígena de España. ¿Cómo llegó a crecer allí? (3)
3. ¿Cuál es el más famoso de los huertos de Elche? (1)
4. ¿Por qué se llama «Imperial» la palmera de ocho troncos? (1)
5. ¿Por qué es un fenómeno la Palmera Imperial? (3)
6. Nombra cuatro frutas que se cultivan en el Huerto del Cura. (2)
7. ¿Qué se ve en el agua? (3)
8. ¿De qué época es la Dama de Elche? (1)

9. ¿Cómo se ponen blancas las palmas que se llevan el Domingo de Ramos? (2)

10. ¿Cuáles son los frutos y productos de la palmera? (3)

29 LAS CASAS

— No se puede vivir en Madrid—me dice un amigo—. ¿Por qué no hace usted un artículo contra las casas?

— Porque es imposible—le contestó—. ¿Cómo quiere usted que yo hago un artículo contra las casas en un sitio donde no las hay?

Pero, bien mirado, si en Madrid hubiera casas, no se necesitaría escribir contra ellas. Todos los defectos de las casas de Madrid se condensan en uno solo: el de la escasez. Como no puede mudarse, el inquilino tiene que transigir constantemente. Las casas madrileñas son malas y son caras porque son pocas. Claro que el Gobierno podría intervenir en este asunto; pero yo confío más en una nueva epidemia que reduzca a un cincuenta por ciento la población de nuestra capital.

¡Las casa de Madrid! Hace tiempo que yo me lancé a buscar una, y no recuerdo haber experimentado jamás mayores vejaciones.

— ¿Hay calefacción?—le pregunté a la portera de un inmueble donde se alquilaba un cuarto piso.

Esta hipótesis apareció ofender gravemente la dignidad de aquella mujer.

— No, señor—me contestó con orgullo—. Aquí estamos a la antigua española ...

Y cuando yo llegaba ya a la esquina, después de haberme despedido, la portera me hizo volver sobre mis pasos.

— ¡Qué ocurre!—exclamé.

— Que ni *calefación* ni tampoco cuarto de baño—me respondió.

Dicho la cual, la buena señora me dejó plantado. En su cara se leía esa satisfacción que produce siempre el hecho de darle una lección a alguna persona impertinente.

From *La Rana Viajera* by *Julio Camba*

1. ¿Qué quería el amigo del escritor que le hiciese? (2)
2. ¿Por qué le parecía difícil al escritor? (1)
3. ¿Cuál era el mayor problema de los que querían una casa en Madrid? (1)
4. ¿Cuáles eran los dos recursos que se le ocurrieron al escritor? (2)
5. Según el escritor, ¿cuál de los dos tendría más éxito? (1)
6. ¿Cómo se sentía el escritor mientras buscaba una casa en Madrid? (1)
7. ¿Qué clase de piso era el de la casa sin calefacción? (3)
8. ¿De qué más carecía el piso? (1)
9. ¿Por qué era tan orgullosa la portera? (1)
10. ¿Cómo trató ella al escritor? (2)

30　THE POLICE ARREST A ROBBER

Aquella mañana de noviembre de 1960 comenzó en medio de un silencio roto solamente por el ruido de los primeros camiones que llevaban mercancías hacia los barcos al lado del Muelle del Oeste en el puerto de Barcelona. El viento llevaba las hojas secas a lo largo del Paseo de Colón, y una neblina gris cubría las faldas del Monte Tibidabo. Pero para don Andrés Bedoya el aire estaba lleno de aventuras. Este comisario jefe de la policia triunfaba por fin.

Eran las cinco de la mañana cuando el coche de don Andrés se acercaba a una pequeña casa de la calle Carabasa, cerca de la iglesia de San Miguel. En efecto, dieron las cinco en el reloj de la iglesia mientras pasaba por delante del gran portalón. Don Andrés se paró, bajó y entró en la casa. Subió hasta el tercer piso, llamó a una puerta y se encontró con un hombre de alta estatura y cabello castaño, todavía medio dormido.

— Buenos días, Pujol—dijo el detective. Me temo que voy a darle una mala noticia.

— Ya sé quien es Vd.—repuso Pujol con voz fatigada—. Le estaba esperando.

Así terminó la caza del hombre que figura entre los más notables de los anales de Interpol, la organización internacional de la policía mundial. Pujol era el último miembro no convicto de una banda de ocho hombres que había realizado el fantástico robo de ochenta millones de pesetas que aconteció en San Sebastián el 2 de enero de 1957. Tres años y diez meses le llevó al infatigable don Andrés arrestar al último de los criminales.

El asalto se había verificado a las tres de la madrugada de cierto jueves en una calle céntrica de la célebre ciudad de veraneo. Los ocho habían abierto la puerta principal de un banco, habían cargado los sacos de billetes en unos camiones, y habían desaparecido.

1. ¿Por qué había hojas secas en el Paseo de Colón cuando don Andrés llegó?

2. ¿Por qué llevaban mercancías al puerto?

3. ¿Dónde estaba el Monte Tibidabo?

4. ¿Qué hora era cuando don Andrés bajó de su coche en la calle Carabasa?

5. ¿Con qué motivo hizo don Andrés esta visita?

6. ¿Por qué estaba medio dormido Pujol?

7. ¿Cuál era la mala noticia que Pujol estaba para recibir?

8. ¿Qué tipo de trabajo hace un detective?

9 ¿Qué había ocurrido a los camaradas de Pujol?

10. ¿Cómo pasan el tiempo las personas que visitan una ciudad de veranea?

11. ¿Por qué están cuidadosamente cerrados los bancos durante la noche?

12. ¿Qué hicieron los criminales con los sacos de billetes?

Associated Examining Board G.C.E. 1973

31 AN INTERNATIONAL MISUNDERSTANDING

Una azafata de una agencia de turismo inglesa trabajaba desde hacía unos años en Mallorca. Una vez en pleno verano llegó un grupo francés con un guía, que normalmente iba a los países de habla alemana y que por lo tanto no sabía español. Durante los quince días de su estancia en Mallorca la azafata inglesa le ayudaba de vez en cuando. Al final de la segunda semana le pidió a ella:

— ¿Quieres hablar con el chef de cocina por mí? Pregúntale si puede preparar una cena especial por mis clientes el viernes por la tarde. Quieren reunirse a cenar antes de marcharse. Se la pagarán aparte.

Los dos guías entraron en la cocina y la azafata inglesa se puso a explicar el asunto al cocinero español. Parecía estar de acuerdo y ella continuaba:

— A los franceses les gustaría cenar: entremeses, croquetas de ave de segundo plato, pollo asado con pimientos rellenos y patatas fritas, helado con nata y— miró al guía francés—¿qué más has dicho?

— *Gateaux.*

— ¡No! La cara del cocinero se puso pálida y luego roja.—No voy yo a matar ningún gato para hacer cenas para extranjeros. ¡Fuera de mi cocina!

1. Los franceses querían: (*a*) una tertulia (*b*) una zarzuela (*c*) una merienda

2. La inglesa ayudaba al francés durante su estancia en Mallorca: (*a*) a menudo (*b*) los viernes (*c*) algunas veces

3. Al pedir la cena especial, los franceses entendían que: (*a*) ya la habían pagado (*b*) tendrían que pagarla (*c*) el guía la paga

4. Cuando la inglesa empezó a explicarle, el cocinero parecía: (*a*) conformarse (*b*) estar enfadado (*c*) estar encantado

5. El cocinero estaba agitado porque: (*a*) no sabía cocer un gato (*b*) creía que los franceses esperaban comer gato (*c*) los franceses le esperaban demasiado

32 STRANGE PETS

El Chihuahua mejicano es el perro más enano del mundo. Los ojos y las orejas son demasiado grandes para su cuerpo. Pero es de origen noble a pesar de su tamaño extraordinariamente pequeño. Algunos se han descubierto embalsamados en las tumbas de los indios aztecas. Son perros muy celosos, hoy día algo mimados por sus amos.

El Dálmata se conoce bien porque posee un pelo tan característico, blanco con manchas negras. Parece por su nombre ser de origen yugoslavo. Solía correr detrás de los caballos y los coches de la nobleza porque se mueve muy deprisa y ahora se ve a menudo en los circos porque es muy apto para el adiestramiento.

Alguna vez se ha visto un gato blanco sin rabo. Seguramente es un tipo raro de gato, que proviene de la Isla de Man entre Inglaterra e Irlanda. Estos animales inteligentes y ágiles no se ven mucho fuera de la isla.

Todo el mundo sabe que a los gatos no les gusta estar en el agua. Sin embargo hay una variedad, procedente de Turquía, que juega alegremente en el agua. Se le llama Gato Nadador y de veras nada muy bien. Es blanco como el gato sin rabo y tiene las orejas grandes. Estas y el grueso rabo son colorados.

1. ¿Por qué es raro el Chihuahua? (*a*) por su gran tamaño (*b*) porque es pequeñísimo (*c*) porque es tan celoso

2. ¿Por qué se ve el Dálmata trabajando en los circos? (*a*) porque es fácil enseñarle (*b*) porque corre muy bien (*c*) porque va allí a menudo

3. ¿Cómo se conoce en seguida un gato de la Isla de Man? (*a*) porque es blanco (*b*) porque le falta un rabo (*c*) porque no se ven a menudo fuera de la isla

4. ¿Por qué se llama «nadador» el gato de Turquía? (*a*) por las orejas grandes (*b*) porque juega alegremente (*c*) porque le gusta estar en el agua

5. ¿Qué animal de estos es de origen norteamericano? (*a*) el Dálmata (*b*) el Chihuahua (*c*) el Gato Nadador

33 A YOUNG MAN ARRIVES IN MADRID

Un joven inglés acababa de llegar a Madrid. Salió de la pensión cerca de la Plaza de Oriente para buscar la escuela de idiomas en donde iba a estudiar durante sus vacaciones de verano. Tenía un mapa de la capital y pronto se encontró en la Avenida de José Antonio, delante de la escuela. Aunque eran las siete de la tarde todavía hacía mucho calor. Además era la hora de máxima circulación. Le parecía al joven que la Gran Vía era un cañon profundo de donde el ruido, el olor y el calor no pueden escaparse. Tenía sed. Se sentó a una mesa libre en la terraza de un restaurante y pidió cerveza. Pronto se sentía mejor y volvió a mirar con interés lo que pasaba.

Debe de ser la hora del paseo, se dijo.

La gente que paseaba le parecía alegre y elegante. Vio a grupos de jóvenes como él y otros grupos de chicas que fingían no oír los piropos de los chicos, vio a viejos y novios, soldados y turistas pero sobre todo vio a familias.

A veces hasta cuatro o cinco hijos pequeños iban vestidos iguales. Por lo general no le interesaban mucho los niños pero estos pequeños españoles le parecían estupendamente vestidos y limpios y sobre todo eran muy listos—¡hablaban el castellano mejor que él!

Antes de las ocho el joven tenía hambre. En su casa habrían tomado el *tea* hace horas pero aquí en Madrid era demasiado temprano para cenar. En las terrazas la gente no tomaba más que refrescos.

Tendré que acostumbrarme, se dijo. No le molestaba, era una aventura.

1. El joven inglés: (*a*) había estado todo el verano en Madrid (*b*) iba a veranear en Madrid (*c*) estaba para salir de Madrid

2. Llegó a la Avenida de José Antonio: (*a*) en la hora punta (*b*) y se daba cuenta de que no podía escaparse (*c*) pero no veía la escuela

3. Tenía sed a causa de: (*a*) el ruido del tráfico (*b*) ver a los madrileños tomar refrescos en las terrazas (*c*) el ambiente sofocante

4. ¡Lo que le impresionaba más sobre los niños españoles era: (*a*) la facilidad con que hablaban la lengua! (*b*) la ropa idéntica! (*c*) la limpieza!

5. Se nota que el joven ya sabía algo de la vida española porque: (*a*) pidió una cerveza en español (*b*) no esperaba cenar hasta tarde (*c*) no se perdío entre la pensión y la escuela

34 TWO SISTERS

Mari-Pili y Mari-Loli son gemelas. Mari-Pili es una buena alumna, es decir se comporta bien y estudia mucho. Mari-Loli es todo lo contrario y el problema es que se parecen mucho. A veces las profesoras de su colegio castigan a

Mari-Pili en vez de a su hermana. Resulta que le riñen a Loli y ésta dice,—No soy Loli, soy Pili—y la perdonan o riñen a la inocente Pili y cuando dice ella,—No soy Loli, soy Pili—creen que es mentira y la castigan.

Un día Mari-Loli compró un pescado pequeño, lo llevó a la clase y lo clavó debajo de la mesa en un sitio donde la profesora no lo iba a tocar con las rodillas. Por la mañana no pasó nada pero por la tarde olía cada vez peor.

— Hay algo en esta clase que huele mal,—declaró la profesora.—Tal vez sea un ratón muerto. Buscadlo niñas.

Las niñas cerraron sus libros, encantadas. Buscaron en todos los pupitres, los armarios, los cajones y los rincones de la clase pero nadie pensó mirar en el fondo de la mesa. Tuvieron que trabajar con la puerta y todas las ventanas abiertas. Estuvieron muy contentas de salir al aire libre a las seis. Mari-Loli decidió ir temprano al colegio al día siguiente para quitar el pescado. Pero no le sirvió de nada. El gato del portero había mostrado a la profesora de donde provenía el olor y otra profesora se acordó de haber visto a una de las gemelas en la pescadería.

Aquella vez la profesora no se confundió, y la Directora tampoco. Telefonearon al padre de Mari-Loli para advertirle que buscara otro colegio para su hija. Naturalmente el padre se puso furioso con Loli. No obstante fue Mari-Pili la que más lloró. No quería ir sola al colegio.

Which of the following statements are correct?

1. (*a*) Mari-Loli es menor que Mari-Pili. (*b*) Las dos hermanas tienen la misma edad. (*c*) Mari-Loli es la mayor.

2. (*a*) Mari-Pili es mentirosa. (*b*) Mari-Loli es mentirosa. (*c*) La profesora es mentirosa.

3. (*a*) Las niñas no sabían precisamente qué buscaban. (*b*) Buscaban un pescado (*c*) Buscaban un ratón.

4. (*a*) La profesora sabía que !a delincuente era Loli

porque el gato descubrió el pescado. (*b*) La profesora sabía que Loli era culpable porque telefoneó al padre. (*c*) La profesora sabía que la delincuente era Loli porque una compañera le había visto comprar el pescado.

5. (*a*) Pili lloraba porque la castigaron en vez de a su hermana. (*b*) Loli no lloraba aunque el padre estaba furioso con ella. (*c*) Pili lloraba porque prefería ir al colegio con Loli.

35 A SHORT INTERVIEW

Una profesora inglesa buscaba empleo en Madrid y consiguió una entrevista en Londres con un director de un grupo europeo de escuelas de idiomas. La inglesa recibió una carta citándola para estar en el—Hotel a las tres de la tarde del día 14 de mayo. Tenía que preguntar por el director, cuyo nombre parecía suizo, en recepción.

Viajó a Londres en tren, saliendo de Manchester a las once de la mañana. Hacía un día espléndido y soleado. Londres estaba su más hermoso bajo la clara luz de primavera. Era una pena que no tuviera tiempo para pasear.

Llegó al hotel con sólo unos minutos de sobra, se acercó inmediatamente a la recepción y dijo:

— Soy la señorita Smith. Pregunto por el señor Hari porque tengo una cita con él.

— ¿El señor Hari? Lo siento, señorita, pero acaba de marcharse.

— Pero si he venido desde Manchester para hablar con él. Quizás haya un recado para mí. Mi apellido es Smith.

— No, ni a nombre de Smith ni de Hari. El señor Hari estaba en el número 433 y ya lo tiene otro huésped.

— Pero ¿está segura de que se ha ido definitivamente? ¿Y su equipaje?

— Puede mirar donde guardamos los equipajes, si un cliente deja su habitación por la mañana y no se despide hasta más tarde.

— Bueno, si quiere enseñarme donde está ...

Las dos mujeres estaban reconociendo un montón de maletas en un pequeño cuarto oscuro, cuando entraron un conserje y un señor gordito de edad madura que parecía algo incomodado. Sin embargo, al descubrir a la señorita Smith en el hotel se puso muy contento y muy amable con ella. Le agradeció su permanencia aún en el hotel, le aseguró que si había dejado recados orales y escritos y la invitó a tomar el té en la sala.

Al cabo de una hora ella estaba de nuevo en el tren, acortando millas hacia Manchester. El señor Hari se marchó a su país, quejándose en voz alta de la falta de eficiencia de las recepcionistas en general y de ésta en particular.

A la señorita Smith el episodio entero le parecía un sueño, lo mismo de tener ya su contrato de empleo en el bolsillo. Volvía feliz.

1. La profesora tuvo que asistir a: (*a*) una escuela de idiomas en Londres (*b*) un hotel suizo (*c*) un hotel londinense

2. La señorita tenía ganas de pasear porque: (*a*) había estado mucho tiempo sentada en el tren (*b*) le quedaba mucho tiempo para llegar al hotel (*c*) hacía buen día y la capital le parecía preciosa

3. La recepcionista le dijo que el señor que buscaba: (*a*) se había marchado con su equipaje (*b*) se había ido sin dejarle ningún aviso (*c*) estaba en la habitación número 433 con otro huésped.

4. El director suizo se enfadó porque: (*a*) estaban mirando sus maletas (*b*) La señorita Smith no se dio por vencida (*c*) era tan inútil la recepcionista

5. La señorita Smith volvió: (*a*) en tren y soñó con la entrevista   (*b*) en tren muy contenta con el resultado de la entrevista   (*c*) a Manchester sin el deseado contrato de empleo

36 GOSSIP

Eran las ocho de una mañana de primavera. Una vecina llamó a la puerta de Rosita. Ésta la abrió, porque la muchacha había salido a la panadería.

— Rosita ¿has oído lo de Pablo Pérez?

— ¿Aquel hombre muy serio que trabaja en el Banco?

— Verás. Parece que cuando estaba pasando dos días de negocios en Santander la segunda mañana madrugó y bajó a la playa antes de desayunar. Decidió alquilar un bote. Vio a algunos viejos marineros en la playa y uno consintió en alquilarle el suyo.

Así Pablo estaba remando, sintiéndose muy feliz cuando oyó un grito, y no muy lejos de su bote vio a una mujer en el mar. Sin vacilar se lanzó al agua pero cuando la cogió, ella se puso a luchar y Pablo tuvo que meterle la cabeza bajo el agua ...

— María, ¿por qué estás sonriendo?

— Pues, cuando la llevó al bote, la nadadora le riñó. Es que no estaba ahogándose, le había mordido algún animal. ¡Además ella era una nadadora olímpica!

Las dos mujeres estaban riendo a carcajadas cuando la criada volvió diez minutos más tarde.

Now read the following statements carefully. Only *one* out of each group of *four* is correct. Choose the one in each group you think is correct and *copy it out in Spanish*.

   (*a*)   (i) Pablo se levantó temprano para ir a nadar.

          (ii) Pablo desayunó y alquiló un bote.

    (iii) Pablo se levantó temprano y consiguió alquilar un bote.

    (iv) Pablo madrugó para ir a pescar.

(*b*)   (i) María abrió la puerta porque había salido la muchacha.

    (ii) Rosita abrió la puerta porque no estaba la criada.

    (iii) Rosita abrió la puerta porque la muchacha había salido para comprar pescado.

    (iv) María abrió la puerta porque era la vecina de Rosita.

(*c*) La mujer luchaba porque

    (i) estaba a punto de morir en el agua.

    (ii) no sabía nadar bien y tenía miedo.

    (iii) no necesitaba ayuda y estaba furiosa.

    (iv) necesitaba ayuda porque tenía frío.

(*d*) La muchacha volvió

    (i) a eso de las ocho y cuarto.

    (ii) a las ocho en punto.

    (iii) a las ocho menos diez.

    (iv) a las ocho y diez.

(*e*) Las dos vecinas reían porque

    (i) un animal le había mordido a Pablo.

    (ii) Pablo había tratado de salvar a una mujer que no estaba en peligro.

    (iii) una mujer le había metido la cabeza bajo las olas.

    (iv) una mujer había salvado a Pablo.

North Western Secondary School Examinations Board 1972

37 THE MINERAL WEALTH OF SPAIN

Aunque España es un país eminentemente agrícola, posee también vastos tesoros subterráneos. Los antiguos conocieron España por los yacimientos de varios minerales importantes. Ocho siglos a. J.C. los fenicios iban a Andalucía para comprar el cobre de las minas de Río Tinto, así como iban a Cornwall para comprar el estaño. Pero fueron los romanos los que más explotaron los muchos minerales que se hallaron en casi todas las regiones de España. Aquellos colonizadores vigorosos extraían la mayor parte de los minerales preciosos como el oro, la plata y el antimonio. Los cronistas griegos, romanos y árabes denotaron la riqueza mineral de la península y los mineros españoles del siglo actual encuentran aún las obras romanas en muchas de las grandes minas.

España goza, en mayor o menor cantidad, de casi todos los minerales. Además de las importantísimas minas de mercurio en Castilla, cobre en Andalucía y plomo en Andalucía y Murcia, las cuales son de fama mundial, hay estaño, cinc, manganeso, tungsteno, bismuto, azufre y potasa. Sobre todo hay hierro y carbón que forman la base de la industria. El hierro se halla cerca de Bilbao y el carbón principalmente en las Asturias y León. La capital vasca de Bilbao es el centro de la producción de acero. El hierro se lleva en gabarras por el río Nervión hasta los altos hornos de la ría de Bilbao. El enorme desarrollo de la construcción naval se extiende a los grandes puertos de algunas regiones costeras, desde Vigo y La Coruña hasta Cádiz y Cartagena.

Es notable que la parte que carece de minerales es la región de Cataluña la cual tiene que importar la materia prima de sus muchas industrias. Eso sorprende a los extranjeros tanto como la riqueza mineral de Andalucía, región que solían imaginarse como una tierra de aceitunas, uvas, toros bravos y de la pobreza.

1. En la España actual: (*a*) la minería tiene más importancia que la agricultura. (*b*) la agricultura tiene

más importancia que la minería. (c) todo la riqueza se encuentra bajo tierra.

2. Hoy en día no queda mucha plata porque: (a) los fenicios la compraron casi toda. (b) los romanos la extrayeron casi toda. (c) era un metal valioso para los antiguos.

3. Entre la gran variedad de minerales que posee España los de más importancia mundial son: (a) el mercurio, el carbón y el hierro. (b) el plomo de Murcia y Andalucía y el estaño. (c) el plomo, el cobre y el mercurio.

4. Bilbao es el centro de la producción de acero porque: (a) es fácil el traslado de las minas cercanas hasta la ciudad. (b) goza de los altos hornos. (c) está situada en una ría.

5. Los extranjeros suelen creer que: (a) a Cataluña le hacen falta los minerales que emplean en sus industrias. (b) Andalucía es una región más industrial que Cataluña. (c) Andalucía es una región pobre y completamente agrícola.

38 LA ULTIMA CRUZADA

Felipe ha llegado a una conclusión, nueva para sus tiempos, de tono moderno: España lo que necesita es lo que se dice ahora un fuerte «poder naval». Muchos barcos, mucho poder en el mar. En este poder está la clave para salvar las dos herencias de América y Europa: de Isabel y Fernando. Para el problema de América, significa limpiar y dejar libre el Atlántico. Para el problema de Europa, significa algo más audaz: un plan que Felipe estudia sobre el mapa en sus noches sin sueño. Invadida Inglaterra, pasado el callejón de la Canal de la Mancha, se puede salir al Mar del Norte y por allí dar la vuelta, por encima de Europa, hasta llegar por el este, a Polonia, «la España del Este», como es llamada por ser el otro núcleo ardientemente fiel a la religión de Cristo. Así el enemigo será rodeado y cogido por la espalda. La Europa central y protestante será envuelta y ahogada por los cruzados de Dios. Felipe se recrea soñando en esa escena final de la drama de toda su vida. Su plan es la última gran Cruzada: audaz y poética, como el sueño de Cristóbal Colón.

From *La Historia de España Contada con Sencillez* by José María Peman

1. Felipe llegó a la conclusión que España necesitaba: (*a*) un tono moderno (*b*) un fuerte poder naval (*c*) dos herencias

2. España necesitaba mucho poder naval en el norte para: (*a*) salvar a Isabel y Fernando (*b*) rodear al enemigo (*c*) dejar libre el Atlántico

3. Felipe soñaba con llegar a Polonia para que juntos: (*a*) ahogaran a la Europa protestante (*b*) pasaran el Canal de la Mancha (*c*) invadieran Inglaterra

4. De noche Felipe: (*a*) estudiaba el problema de América (*b*) soñaba con la escena final del drama (*c*) estudiaba el mapa.

5. Felipe se puede comparar con Colón porque: (*a*) los dos formaron un plan audaz. (*b*) los dos necesitaron muchos barcos. (*c*) los dos condujeron una cruzada.

39 HABLA TERESA GIMPERA, LADY EUROPA

'La elección de "misses", de reinas, etcétera, es algo que ocurre en la época de vacaciones. Los pueblos, las playas y hasta los hoteles de lujo eligen a una señorita que, por un tiempo más o menos largo, les representa. Esta costumbre se está internacionalizando: es bonita y sirve para llevar a las gentes un poco de ilusión y de alegría.

'Yo acabo de presentarme a uno de los concursos más

importantes que se celebran en todo el mundo. Tiene carácteres diferentes a otros concursos. La elección de Lady Europa es un concurso no demasiado viejo, pero tampoco demasiado joven. Tiene, sin embargo, tradición, seriedad y, lo que es más definitivo, tiene una serie de aspirantes al título impresionante por la calidad humana de las mismas.

'Me eligieron, hace algún tiempo, para representar a España. En principio no tenía demasiadas ilusiones de ganar. Me conformaba con obtener una clasificación bastante buena. Pero todo fue diferente. Me concedieron este título de Lady Europa, me colocaron una corona sobre la cabeza y me felicitaron.

'Esta es una historia que se repite con alguna frecuencia, pero lo que importa es ser la figura principal de esa historia y, en esta ocasión, me ha correspondido ese papel. Estoy, por ello, contenta y feliz. Ha sido una ocasión bonita no solamente por lo que representa el haber conseguido el título, sino porque he tenido oportunidad de conocer una faceta nueva de mi personalidad. La continuación sería el haberme presentado al concurso de Lady Universo, pero no ha podido ser, ya que mis ocupaciones me lo impiden.'

1. Según Teresa, tienen importancia los concursos (a) porque ofrecen vacaciones a las representantes. (b) porque son internacionales. (c) porque son más o menos largos. (d) porque ofrecen placer a la gente.

2. Teresa se ha presentado en el concurso (a) hace poco tiempo. (b) por tener un carácter diferente. (c) por ser célebre. (d) hace mucho tiempo.

3. El concurso para elegir a Lady Europa es distinto (a) porque no tiene mucha tradición. (b) porque las aspirantes tienen más calidad humana. (c) porque las aspirantes no son demasiado viejas. (d) porque es el más importante de todo el mundo.

4. Según Teresa, lo que ella quería primero era (*a*) tener colocada la corona sobre la cabeza. (*b*) obtener una clasificación bastante buena. (*c*) recibir el título de Lady Europa. (*d*) representar a España algún tiempo.

5. Para Teresa, el concurso ha sido bonito (*a*) porque ha aprendido algo de su propio carácter. (*b*) porque también se ha presentado por ser Lady Universo. (*c*) porque ella ya tiene muchas ocupaciones. (*d*) porque también se han ofrecido muchas ocupaciones.

6. Teresa no ha asistido al concurso de Lady Universo (*a*) porque ya se ha presentado. (*b*) porque ya era Lady Europa. (*c*) porque ya ha tenido oportunidad. (*d*) porque ya tenía demasiado que hacer.

Joint Matriculation Board G.C.E. Syllabus B, 1971

40 TRAGEDIA EN LA COSTA DEL SOL

Un autocar lleno de turistas, casi todos de nacionalidad francesa, cayó por un precipicio ayer a las nueve y cuarto de la mañana. El suceso ocurrió en la carretera que sube desde la Costa del Sol en el sur de España, hasta la pintoresca ciudad andaluza de Ronda.

Los turistas, treinta y seis en total, formaban un grupo que estaba pasando dos semanas de vacaciones en la ciudad de Málaga. En el autocar también se encontraban el conductor y un guía de turismo, ambos de nacionalidad española.

No se sabe todavía como ocurrió el accidente. Llovía ligeramente y el autocar resbaló en una de las innumerables curvas de la carretera, dando varias vueltas hasta una profundidad de cien metros.

Un coche particular que pasaba por allí fue el primero en avisar a la policía. Hasta que llegaron los primeros socorros, los ocupantes del coche no pudieron hacer nada porque no es posible bajar por el precipicio sin emplear cuerdas y equipo técnico.

Cuando llegaron la Guardia Civil y dos ambulancias, no había ninguna señal de vida entre los restos del destrozado autocar. Después de muchos esfuerzos, consiguieron llegar al fondo del precipicio y empezaron a socorrer a los turistas. Desgraciadamente, de todas las personas que iban en el vehículo solamente nueve estaban aún vivas. Las demás, incluyendo el conductor y el guía, murieron a causa de los terribles golpes recibidos.

1. ¿Cómo es la carretera que va a Ronda? (a) Es muy profunda. (b) Da muchas vueltas. (c) Es muy recta. (d) Aún no se sabe.

2. ¿Porqué resbaló el autocar? (a) La carretera estaba mojada. (b) No llevaba frenos. (c) Cayó por la carretera. (d) Porque iba muy de prisa.

3. ¿Es fácil bajar por el precipicio? (a) Hay que bajar sin cuerdas. (b) Hace falta equipo especial. (c) No es posible emplear cuerdas. (d) Hay que ser diplomado técnico.

4. ¿Por qué llegó la Guardia Civil? (a) Había dos ambulancias. (b) Era un coche particular. (c) No podían hacer nada. (d) Alguien les había avisado.

5. ¿Qué les había ocurrido a los turistas? (a) Había nueve muertos. (b) Sólo se habían salvado el conductor y el guía. (c) La mayoría estaban ya muertos. (d) Había muerto todos destrozados.

Joint Matriculation Board G.C.E. Syllabus B, 1973

41

In each of the following sentences a word or phrase has been omitted. From the four answers given choose the one which makes sense.

1. En los autobuses se prohibe hablar con el ——.
   (*a*) revisor   (*b*) cobrador   (*c*) conductor   (*d*) guardia
2. Los niños corrieron —— la heladería.
   (*a*) hacia   (*b*) hace   (*c*) hacían   (*d*) hacía
3. Doña Mercedes siempre va al mercado ——.
   (*a*) por la mañana   (*b*) de la mañana   (*c*) de mañana
   (*d*) mañana
4. Después de las clases voy ——.
   (*a*) a la casa   (*b*) en la casa   (*c*) a casa   (*d*) en casa
5. Mi familia suele comer ——.
   (*a*) a la una   (*b*) es la una   (*c*) a una hora   (*d*) son las una
6. Su padre era ——.
   (*a*) un médico   (*b*) un médico bien   (*c*) médico bueno
   (*d*) médico
7. —— el bailarín se cayó y se rompió el pie.
   (*a*) Por desgracia   (*b*) Por suerte   (*c*) De suerte
   (*d*) Afortunadamente
8. Cuando voy al parque siempre —— alguna vecina.
   (*a*) doy a   (*b*) doy con   (*c*) doy en   (*d*) doy un paseo
9. —— la capital busqué un hotel.
   (*a*) En llegar en   (*b*) Al llegar a   (*c*) En llegar a
   (*d*) Al llegar en
10. Como tenía hambre el niño —— más pan.

(a) preguntó (b) pidió por (c) pidió (d) preguntó por

42

In each of the following questions a situation is briefly outlined. Choose the remark that is most likely to be made in that situation.

1. Es invierno. Sopla un viento glacial de la sierra.
   (a) Hace un frío terrible. Vete a tomar el fresco.
   (b) ¡Qué frío! Abrígate bien. (c) Hace un tiempo espléndido. (d) Hace mal tiempo. Ponte el delantel.
2. Me gusta más esta blusa. ¿De qué es?
   (a) Es de hierro. (b) Es de madera. (c) Es de hormigón. (d) Es de algodón.
3. No hay más remedio que andar.
   (a) A estas horas los autobuses siempre van completos.
   (b) A estas horas los autobuses siempre van sin ruedas. (c) Ya viene el autobús. (d) A estas horas los autobuses siempre van sin conductor.
4. El dependiente pide noventa y dos pesetas al cliente.
   (a) Tome. Noventa duros y dos pesetas. (b) Aquí tiene. Nueve duros y dos pesetas. (c) Tome. Nueve duros y doce pesetas. (d) Aquí tiene. Dieciséis duros y doce pesetas.
5. Un señor llama al camarero y le dice que tiene prisa.
   (a) Voy antes. (b) Ahora mismo vengo. (c) Vengo en seguida. (d) Ya voy.
6. El reloj da las doce y media. Manuel espera con impaciencia a su amiga.
   (a) La espero cinco minutos más, hasta las doce y veinticinco. (b) La espero sólo hasta el mediodía.
   (c) La espero cinco minutos más, hasta la una menos

veinticinco.   (d) Si no ha llegado a las doce me voy.

7. Pepe trabaja en un banco. Está muy contento con su empleo, en una sucursal de las afueras de la ciudad.

(a) Sí, prefiero no estar en el banco central.   (b) Me gusta estar demasiado ocupado.   (c) No me gusta estar tan lejos del centro.   (d) Sí, me aburro en esta sucursal tranquila.

8. El profesor cita las industrias de la región.
(a) Hay campos de carbón.   (b) Hay minas de plomo.
(c) Hay fábricas de aceras.   (d) Hace mucho ruido.

9. Julia siempre cruza por el paso de peatones.
(a) Los camiones me dan miedo.   (b) Así el guardia no me ve.   (c) Quiero llegar herida.   (d) Hay tantos accidentes en los cruces de peatones.

10. Estrenan una película francesa en el Cine Imperial.
(a) Hay que sacar los billetes pronto.   (b) Voy a comprar las entradas hoy.   (c) El Imperial nunca ponen películas extranjeras.   (d) Será preciso sacar las entradas con anticipación.

43

Each of the following statements or remarks suggests a certain situation. Decide in which of the four places listed it would most likely be happening.

1. Déme cinco sellos de tres pesetas y una cajita de cerillas.
(a) en Correos   (b) en un buzón   (c) en un estanco
(d) en un estanque

2. La señora quiere comprar pastillas porque le duele la garganta.
(a) en la farmacia   (b) en la perfumería   (c) en la droguería   (d) en la pastelería

3. Unos extranjeros quieren reservar plazas para ir de excursión a un famoso palacio.

(*a*) en un aeropuerto (*b*) en un viaje (*c*) en la Prensa (*d*) en una agencia de viajes

4. En la granja todos están ayudando en la cosecha.

(*a*) en el pinar (*b*) en el trigal (*c*) en la rosaleda (*d*) en el peñón

5. La chica quiere que le hagan la manicura.

(*a*) en una peluquería (*b*) en un manicomio (*c*) en un restaurante (*d*) en una joyería

6. Aquí las tapas están muy ricas.

(*a*) en un bar (*b*) en un banco (*c*) en un tapicería (*d*) en el apartamento de un millonario

7. El guía enseñó a los turistas como eran las celdas de las monjas.

(*a*) en el convento (*b*) en la montaña (*c*) en la iglesia (*d*) en el cielo

8. El niño pidió prestado un libro que necesitaba para hacer los deberes.

(*a*) en la librería (*b*) en la papelería (*c*) en la biblioteca (*d*) en el quiosco

9. Las barriles quedan en la oscuridad durante varios años.

(*a*) en un barco (*b*) en una boda (*c*) en un barranco (*d*) en una bodega

10. La nueva meconógrafa resultó un desastre.

(*a*) en la oficina (*b*) en la sastrería (*c*) en la taquilla (*d*) en la dehesa

44

Each of the following remarks suggests a certain action. Decide which of the four actions the speaker is likely to be performing.

1. Primero la sábana y luego la manta.
   (a) hace una maleta (b) hace una cama (c) hace los deberes (d) hace un crucigrama

2. Oye, Paco, la azafata es muy guapa.
   (a) viaja en tren (b) viaja en avión (c) viaja en coche (d) viaja en tranvía

3. Saqué dos billetes de ida y vuelta, cuarenta pesetas cada uno.
   (a) va al cine con un amigo (b) va al cine con dos amigos (c) viaja con un amigo (d) viaja con dos amigos

4. Dos horas sin coger nada. ¡Vámonos a casa!
   (a) espera un autobús (b) pesca (c) compra discos (d) hace compras en un mercado

5. ¿Ves un buzón?
   (a) quiere echar una carta (b) quiere comprar sellos (c) quiere recoger un paquete (d) quiere comprar un periódico

6. El río es muy profundo aquí. ¿Cuidado, no te ahogues!
   (a) está nadando (b) riega el jardín (c) no hace nada (d) se lava

7. Preparados ¡ya!
   (a) prepara la comida (b) echa gasolina (c) baila (d) hace empezar una carrera

8. Voy a ponerme el sombrero. No quiero más pecas.
   (a) pasea aunque llueve (b) se peina (c) toma el sol (d) sale de noche

9. El pobre se suicidió porque le amenazaban con chantaje.
   (a) mata al hombre pobre (b) investiga un crimen (c) escribe una carta amenazante (d) habla de la pobreza

10. Vamos a sentarnos aquí en esta ladera verde a merendar.

(*a*) visita a una vecina (*b*) mira una comedia
(*c*) pasa un día en el campo (*d*) sube a un tren

45

Study the following remarks and in each case choose the person most likely to be speaking.

1. Muchas gracias, Vds. son muy amables, pero todavía no soy otro Manolete.

   (*a*) un amigo (*b*) un matador (*c*) Manuel (*d*) un bailador

2. Estuve cuatro años en un buque de guerra.

   (*a*) un soldado (*b*) un guerrillero (*c*) un aviador (*d*) un marinero

3. Aquí tienen Vds. las butacas—números doce y catorce en la tercera fila.

   (*a*) un acomodador (*b*) un actor (*c*) un sereno (*d*) un revisor

4. Os declaro marido y mujer.

   (*a*) un novio (*b*) un médico (*c*) un pariente (*d*) un cura

5. Y de postre ¿qué va a tomar?

   (*a*) un tendero (*b*) un camarero (*c*) un cartero (*d*) un vendedor de lotería

6. A ver si las medidas son como antes, doña Luisa.

   (*a*) una modista (*b*) una peluquera (*c*) una enfermera (*d*) una recepcionista

7. No hay más remedio que poner una escayola, señor Mateos.

   (*a*) un médico (*b*) un abogado (*c*) un notario (*d*) un carnicero

8. Este no sirve para nada, chico. Los artículos de hoy no se hacen con noticias de ayer.

(a) un taxista (b) un contrabandista (c) un periodista (d) un futbolista

9. Y ahora, señores y señoras, voy a tratar de hacerlo
con ocho pelotas.

(a) un prestidigitador (b) un músico (c) un jugador
del baloncesto (d) un jugador de la pelota de
frontón

10. No es necesario gritar. Es verdad que no te oigo
pero te veo los labios.

(a) una muda (b) una sorda (c) una ciega (d) una
coja

46

If someone said the following, which would be the most
suitable reply?

1. ¿A cuántos estamos?
(a) A seis de marzo. (b) A las seis de la mañana.
(c) Son las seis. (d) Seis años y medio.

2. ¿Qué asignatura prefieres?
(a) La radio. (b) Nombre y apellido. (c) La geografía. (d) El verano.

3. ¿Por qué llevas eso a la tintorería?
(a) Porque tiene que limpiarse en seco. (b) Porque
quiero lavarlo. (c) Porque tiene que lavárselo a
mano. (d) Porque no tengo bolígrafo.

4. Voy a echarte de menos.
(a) No te preocupes, no vuelvo más. (b) No importa,
lo echó ayer. (c) No voy a acordarme de ti. (d) No
te preocupes, vuelvo dentro de poco.

5. ¡Qué flores más bonitas!
(a) Toma, te las regalo. (b) ¿No te gustan? (c) Sí,
están completamente marchitas. (d) Son muy feas
¿verdad?

6. Mamá, ¿qué pongo para terminar mi carta a los tíos?
   (*a*) Pon «un abrazo de vuestro sobrino». (*b*) Pon
   «un abrazo de tu sobrino». (*c*) Pon «un abrazo de
   tu nieto». (*d*) Pon «un abrazo de vuestro nieto».

7. Eso es ir de mal en peor.
   (*a*) Sí, temo que he saltado de la sartén para dar en
   la brasa. (*b*) Sí, por cierto mis asuntos van mejor-
   ando. (*c*) Sí, me alegra mucho. (*d*) Sí, todo va bien.

8. ¿Quepo yo en este departamento?
   (*a*) Sí, el departamento está completo. (*b*) No hay
   sitio ni para un ratón. (*c*) Sí, el tren va lleno, como
   siempre. (*d*) No, todos los zapatos son demasiados
   grandes.

9. ¡Qué ruido hacen los frenos!
   (*a*) Los niños gritan como demonios. (*b*) Este coche
   no tiene frenos. (*c*) Los espectadores se ponen
   frenéticos. (*d*) Mañana, voy a llevar el coche al
   garaje.

10. ¿Dónde se puede comprar barata la lana?
    (*a*) En Casa Enrique se vende al por mayor. (*b*) En
    Casa Enrique cuesta carísima. (*c*) En Casa Enrique
    se dobla el precio. (*d*) En Casa Enrique se vende al
    por menor.

47

In each of the following sentences a word or phrase has
been omitted. Choose from the list below the one which
best replaces the blank.

1. No tengo mucha afición ——.
   (*a*) de la música popular (*b*) para la historia (*c*) por
   la arquitectura gótica. (*d*) a la música moderna.

2. Se dice que el agua ——.

(a) está muy puro   (b) es muy puro   (c) está muy
pura   (d) es muy pura

3. Si no tienes dinero tienes que ir ——.

(a) en el correo   (b) en tercera clase   (c) en el coche
de San Fernando   (d) en primera clase

4. El niño lloraba porque tiene miedo ——.

(a) al Director   (b) del Director   (c) el Director
(d) de la Directora

5. La Gran Bretaña está formada ——.

(a) por Escocia, el País de Gales e Inglaterra   (b) en
Escocia, el País de Gales e Inglaterra   (c) en Escocia,
el País de Gales y Inglaterra   (d) de Escocia, el País
de Gales y Inglaterra

6. María encontraba fácil el trabajo porque sabía ——
inglés.

(a) enseñar   (b) escribir   (c) hablar   (d) leer

7. El profesor va a estudiar en Cambridge —— tres
meses.

(a) durante   (b) por   (c) para   (d) hace

8. A los jóvenes les gusta escuchar ——.

(a) el radio y ver la televisión   (b) la radio y ver a
la televisión   (c) a la radio y ver a la televisión
(d) la radio y ver la televisión

9. La chica es muy mona. Tiene ——.

(a) ojos morenos y pelo rubio   (b) los ojos negros y
el pelo rubio   (c) los ojos marrones y los pelos rubios
(d) ojos marrones y pelos rubios

10. El dependiente se preocupe porque —— pesetas.

(a) faltan cientos   (b) falta cientas   (c) faltan cien
(d) falta cien

48

The following test requires some knowledge of Spain and the Spanish way of life as well as the language.

1. Zaragoza está situada ———.
   (*a*) a orillas del mar   (*b*) al borde del río Ebro   (*c*) en el noroeste   (*d*) en una ría
2. La Nochebuena los españoles van ———.
   (*a*) a ver las Fallas   (*b*) a la Misa del Gallo   (*c*) a ver la procesión de penitentes   (*d*) a la feria
3. El turrón se hace con ———.
   (*a*) almendras y miel   (*b*) avellanas y miel   (*c*) almendras y aceite   (*d*) avellanas y huevos
4. Un mirador es un tipo de ———.
   (*a*) espejo   (*b*) ventana   (*c*) tejado   (*d*) flor
5. Los colores de la bandera española son los colores de ———.
   (*a*) plata y oro   (*b*) el sol y la luna   (*c*) la Cruz Roja   (*d*) sangre y arena
6. En el año mil novecientos treinta y seis ———.
   (*a*) estalló la Guerra de la Independencia   (*b*) terminó la Guerra de la Independencia   (*c*) terminó la Guerra Civil   (*d*) estalló la Guerra Civil
7. Para ir más aprisa cogió ———.
   (*a*) el correo   (*b*) el rápido   (*c*) el expreso   (*d*) el tranvía
8. En Granada hay que ver ———.
   (*a*) la Alhambra   (*b*) la Giralda   (*c*) la Mezquita   (*d*) la Torre de Oro
9 La Sierra Morena separa ———.
   (*a*) Andalucía de Castilla la Vieja   (*b*) las dos Castillas   (*c*) Castilla la Vieja de Extremadura   (*d*) Andalucía de Castilla la Nueva

10. Un brasero se encuentra ———.

    (*a*) detrás de la puerta   (*b*) debajo de la mesa   (*c*) en el jardín   (*d*) delante de la chimenea

49

Study the following situations and in each case select the person most likely to be involved.

1. Lleva betún, cepillos y trapos en su caja.

    (*a*) un jardinero   (*b*) un colegial   (*c*) un limpiabotas (*d*) un taquillero

2. Corta unos pepinos, rábanos y cebollas.

    (*a*) un cocinero   (*b*) un pastor   (*c*) un escultor (*d*) un cortijero

3. Prefiere trabajar con cuero y ante pero hoy día hay que hacer y arreglar los de plástico también.

    (*a*) un albañil   (*b*) un herrero   (*c*) un dentista (*d*) un zapatero

4. Dame la mano y sé buena.

    (*a*) un pescador   (*b*) una viajera   (*c*) una niñera (*d*) una portera

5. Tiene gafas ahumadas, máquinas fotográficas y gemelos en su escaparate.

    (*a*) un fotógrafo   (*b*) un óptico   (*c*) un preso   (*d*) un mecánico

6. Su colección de sellos europeos es magnífica.

    (*a*) un filatélico   (*b*) un coleccionista europeo   (*c*) un lepidopterista   (*d*) un numismático

7. El tío Diego ha vuelto a España después de vivir más de cincuenta años en las Antillas.

    (*a*) un forastero   (*b*) un extranjero   (*c*) un indio (*d*) un indiano

8. Al fin, querido, empieza nuestra luna de miel.

(a) un colmenero   (b) una novia   (c) una tendera
(d) una maestra

9. Voy a echar el ancla y esperar hasta que se amaine
este ventarrón.

(a) un capitán   (b) un general   (c) un coronel   (d) un
aviador

10. Cayó en el último seto y el caballo le dio una patada
en la cara.

(a) un picador   (b) un caballero   (c) un jinete
(d) un chófer

50

Each of the following remarks suggests a certain action.
Select the most likely of the four actions listed.

1. ¿Crees que todos nuestros muebles van a caber en
ese camión?

(a) vende muebles   (b) se muda de casa   (c) conduce
una camioneta   (d) visita una exposición de muebles

2. Papá, ¿cuándo van a ponerse verde?

(a) planta lechugas   (b) mira los semáforos   (c) busca
zarzamoras   (d) pinta la casa

3. Vamos a poner los restos de la comida en el aparador
y llevar los platos y los cubiertos a la cocina para fregar.

(a) prepara la cena   (b) prepara la comida   (c) pone
la mesa   (d) quita la mesa

4. ¡Bravo! Dio en el blanco.

(a) sale bien de un examen   (b) torea   (c) blanquea
las paredes   (d) dispara una flecha

5. Otra vez ha engañado a los defensas y lo ha puesto en
la red.

(a) mete un gol   (b) gana un partido   (c) gana una
batalla   (d) escapa del alcázar

6. Toma un vaso de agua o un terrón de azúcar.

(a) tiene frío (b) tiene razón (c) tiene hipo
(d) tiene vergüenza

7. ¡Cuidado con la ceniza! No la quiero ver en la alfombra.

(a) fuma un puro (b) corta papeles (c) quita el polvo con el aspirador (d) enciende una vela

8. Déme medio kilo de frambuesas y dos granadas.

(a) compra fruta (b) regala caramelos (c) compra legumbres (d) cultiva verdura

9. Quizá si lo cardo un poco … pero no sé por que tengo tanta caspa.

(a) prepara un batido (b) plancha un vestido (c) se viste (d) se peina

10. Antonito, ¿ves los gigantes y los cabezudos?

(a) busca sus juguetes (b) mira un desfile callejero
(c) come caramelos (d) busca el camino.

51

Each of the following statements or remarks suggests a certain situation. In which of the places listed would it be happening?

1. Écheme tres litros de gasolina y medio litro de aceite.

(a) en la estación de autocares (b) en la estación de servicio (c) en la estación de ferrocarril (d) en la estación de mercancías

2. Aquí cultivan hasta las plantas tropicales.

(a) en un invernadero (b) en un helador (c) en un desierto (d) en una fuente

3. El primer testigo entró y cogió la Biblia para prestar juramento.

(a) en un corte (b) en un patio (c) en las Cortes

(*d*) en un tribunal

4 Las hojas caídas han formado un montón color castaño.

(*a*) en el pupitre   (*b*) encima del árbol   (*c*) debajo del roble   (*a*) dentro de las castañuelas

5. El champán se pone en hielo para que esté más fresquito.

(*a*) en un cubo   (*b*) en una caja   (*c*) en un cajón
(*d*) en un cojín

6. La golondrina puso dos huevos.

(*a*) en la cacerola   (*b*) en el nido   (*c*) en la huevería
(*d*) en el supermercado

7. El agua se conserva detrás de un gran pantano a una altura de 2500 metros.

(*a*) en un monte   (*b*) en un valle   (*c*) en una llanura
(*d*) en un cañón

8. Los turistas pidieron pensión completa.

(*a*) en el Consulado   (*b*) en la Embajada   (*c*) en un hotel   (*d*) en una sala de fiestas

9. Lorenzo encendió la televisión y un actor célebre apareció.

(*a*) en la pared   (*b*) en el cristal   (*c*) en el biombo
(*d*) en la pantalla

10. Sigue Vd. cuesta arriba y dentro de poco verá el ayuntamiento.

(*a*) en la calle   (*b*) en el campo   (*c*) en un transatlántico   (*d*) en la selva

52

Read the following sentences and fill in the blanks by choosing the most appropriate word or phrase from those given below.

1. Camarero, mi ——, por favor, que me voy.

(*a*) cuento   (*b*) cuenta   (*c*) cuadro   (*d*) cuesta

2. No es francés —— suizo.

(*a*) sino   (*b*) perro   (*c*) pero   (*d*) mas

3. Mientras doña Teresa dormía, un ladrón entró en la casa y ——.

(*a*) le trajo mil pesetas   (*b*) cogió un resfriado   (*c*) ladró mucho   (*d*) se llevó el monedero.

4. Raimundo trató de calmar al viejo pero, poco diplomático como siempre, sólo logró ——.

(*a*) echar agua en el mar   (*b*) meter la pata   (*c*) tener razón   (*d*) consolarle

5. Se prohibe asomarse ——.

(*a*) a la ventanilla   (*b*) de la ventanilla   (*c*) por la ventanilla   (*d*) desde la ventanilla

6. El padre de Rosario se enfada porque ella ha —— en sus exámenes.

(*a*) aprobado   (*b*) suspendido   (*c*) sobresalido   (*d*) salido con «notable»

7. La criada puso la merienda en —— para llevarla a los invitados.

(*a*) una banda   (*b*) una bandera   (*c*) un vendaje   (*d*) una bandeja

8. Hasta hoy no sabía nada de este asunto pero intento —— de todo y cuanto antes mejor.

(*a*) encargarme   (*b*) enseñarme   (*c*) enterarme   (*d*) encerrarme

9 La mujer lavó la manta en ——.

(*a*) el jarro   (*b*) la pila   (*c*) el horno   (*d*) el grifo

10. Pedro —— para ver si alguien le estaba siguiendo.

(*a*) se volvió   (*b*) volvió   (*c*) devolvió   (*d*) revolvió

53

If someone said the following, what would be the most likely reply?

1. Papá, ¿qué haces? Dime. ¿Por qué no me dices que haces?

   (*a*) Hombre, no me molestas más. (*b*) Haz lo que quieras. (*c*) Hijo, tu papá no sabe que hacer. (*d*) Hace viento.

2. Quiero una conferencia con Sevilla.

   (*a*) ¿Con qué número le pongo? (*b*) El comité se reúne el jueves. (*c*) Venga Vd. a la sala de juntas. (*d*) ¿Cuándo quieres ir?

3. Pilar, lo siento pero no puedo traértelo hoy.

   (*a*) No tengo importancia. (*b*) No eres importante. (*c*) No importa, tráelo cuando tengas tiempo. (*d*) No te importa.

4. ¡Qué chasco te llevaste al no ir a Inglaterra con los padres!

   (*a*) Sí, es culpa mía que no van. (*b*) Sí, es una pena, tenía mucha ilusión de conocer Londres. (*c*) Sí, tenía mucha vergüenza en Londres. (*d*) Sí, no quería ir.

5. Fernando, ¿tienes mojado todavía el pelo?

   (*a*) Sí, dame las tijeras. (*b*) Sí, dame el gorro. (*c*) Sí, dame la crema. (*d*) Sí, dame la toalla.

6. ¡Qué oscuro está! Y nuestra calle es la peor.

   (*a*) Es que el farol está roto. (*b*) Se ha roto el faro. (*c*) No hay luna esta noche. (*d*) El sereno debe de llegar pronto.

7. No vaciló ni un momento en cotestarme y tuvo razón.

   (*a*) Se confundió como siempre. (*b*) Ya lo creo, siempre está muy seguro de sí mismo. (*c*) Se equivocó otra vez. (*d*) Nunca va a ser genio.

8. Carolina es una chica muy símpática, ¿verdad?
   (a) De acuerdo, es muy vaga. (b) Sí, es sosa. (c) De acuerdo, es muy perezosa. (d) Sí, es muy salada.
9. Pareces cansado. ¿Por qué no te acuestas temprano?
   (a) Prefiero ir a la cama. (b) No puedo, estoy citado. (c) No es necesario, estoy agotado. (d) Tienes razón, estoy casado.
10. El nuevo chico no dice más que tonterías.
   (a) Es cada vez más aburrido. (b) Sí, es muy listo. (c) Sí, es muy inteligente. (d) Te dijo hace años que era tonto.

54

This is a quick test of your knowledge of Spain.

1. Una sardana es:
   (a) un pescado (b) una planta (c) una danza (d) una criada
2. El TALGO es:
   (a) un tren de lujo (b) un árbol (c) un coche popular (d) un baile moderno
3. La sidra se produce en Asturias porque hay:
   (a) trigales (b) manzanares (c) bosques (d) hórreos
4. El día de los Reyes es otro nombre por:
   (a) Viernes Santo (b) San José (c) Navidad (d) Epifanía
5. Las naranjas de Sevilla son:
   (a) amargas (b) gruesas (c) dulces (d) inútiles
6. La más gránde de las Islas Baleares es:
   (a) Ibiza (b) Mallorca (c) Formentera (d) Menorca
7. La Costa Brava está en el:
   (a) oeste (b) sudeste (c) noroeste (d) noreste

8. El Retiro de Madrid es:

(*a*) un parque (*b*) un monasterio (*c*) un museo
(*d*) un teatro

9. Los moros estaban en España durante:

(*a*) ochenta años (*b*) ocho siglos (*c*) ocho años
(*d*) ochocientos siglos

10. Francisco Pizarro fue:

(*a*) poeta (*b*) conquistador (*c*) músico (*d*) matador

55

In each of the following questions a word or phrase has
been omitted. From the four answers suggested, select the
one which you think makes the best sense and indicate
the answer as instructed.

1. — Hijos, ¿por qué esperáis todavía en el andén?
   — Porque el tren trae diez minutos ——, papá.
   (*a*) a tiempo (*b*) temprano (*c*) por ahora (*d*) de
   retraso

2. — María se acostó temprano porque ——.
   (*a*) tenía sed. (*b*) tenía sueño. (*c*) era tarde (*d*) fue
   a la cama.

3. — ¡Sacad pronto los cuadernos! Estáis perdiendo
   ——.
   (*a*) el tiempo. (*b*) los deberes. (*c*) la pluma. (*d*) el
   libro.

4. — Oye, Paco. ¿Vas a la corrida?
   — ¡Ni hablar! ¡—— voy allí! Soy aficionado al
fútbol.
   (*a*) Nada (*b*) Nadie (*c*) Nunca (*d*) Siempre

5. Después de sacar entradas, ——.
   (*a*) entraron en el cine. (*b*) subieron al autobús.
   (*c*) entraron en la librería. (*d*) fueron a la biblioteca.

6. — Cuando fuiste a España, ¿te ——— las comidas?

(a) gusta (b) gustó (c) gustan (d) gustaron

7. — El padre de María no quiere que ——— con su novio.

(a) sale (b) salga (c) saldrá (d) salió

8. — ¿Vengo a verte a las nueve y media?

— No ——— Tengo que salir a las diez.

(a) vale la pena. (b) hace caso. (c) sale mal. (d) hace buen tiempo.

9. Sacó su ——— y me pagó.

(a) bolsillo (b) pañuelo (c) portamonedas (d) fotografía

10. — ¡Qué susto! Me ha cogido usted por ———.

(a) coche. (b) sorpresa. (c) miedo. (d) tren.

11. — Es un camarero insolente. No merece ———.

(a) servicio. (b) la nota. (c) la comida. (d) propina.

12. — ¿Nadie te había dicho lo de Ana y Juan?

— No, no lo ———

(a) veía. (b) creía. (c) sabía. (d) decía.

13. — ¡Qué perro tan enorme!

— No tengas ——— No muerde.

(a) suerte. (b) lástima. (c) miedo. (d) razón.

14. — Buenos días, señorita. Estoy ——— con el director a las dos para hablar de un negocio.

(a) acostumbrado (b) citado (c) cansado (d) acostado

15. — ¿Quieres ——— en paz? ¿No ves que estoy ocupado?

(a) dejarme (b) llevarme (c) decirme (d) hablarme

Joint Matriculation Board G.C.E. Syllabus B, 1972

Part Two COMPOSITION

(1) **Points to ponder**

Writing your composition is an opportunity for showing off. Besides proving that you can handle the language correctly, you want to display as many bits of knowledge as the subject allows; but in doing this you must not wander off the point.

How can you achieve this?

Have in your head a list of interesting points of grammar and vocabulary that you have thoroughly understood. You can begin with a small number and gradually add to it. Here are some suggestions. Some are very simple, others are less obvious and you will have ideas of your own.

Vary your sentences. Include affirmative and negative statements, questions and exclamations. This will have the additional advantage of showing what you know about Spanish *punctuation*.

As far as the question allows, vary the *tenses* and *persons* of the verb. Use different kinds of verbs e.g. reflexive, radical-changing, orthographic-changing.

Show that you know the different uses of *ser* and *estar*.

Try to use one expression with each of the following verbs:

dar e.g. dar un paseo, darse prisa, dar de comer
estar e.g. estar de acuerdo, estar para, estar por

hacer e.g. hacer compras, hacer daño, hacer una maleta
ir e.g. ir de compras, ir a pie, ir a caballo
tener e.g. tener frío/calor, tener hambre/sed, tener que

Show your knowledge of:

Time e.g. telling the time and expressions of time such as anteayer, pasado mañana, por la tarde, a las ocho de la tarde.

Weather e.g. expressions with hacer

Numbers e.g. dates and uses of ordinal and cardinal numbers such as 1° de julio *but* el 2 de julio
> Carlos V (quinto) *but* Alfonso XIII (trece)

Include points of grammar which are peculiarly Spanish or quite different from English, such as:

Personal A between verb and direct object when the direct object is a definite person or persons.

Familiar and polite you: tú and vosotros take 2nd person endings while Vd. and Vds. take 3rd person. Note also familiar and polite imperatives.

Gustar meaning literally *to please* or *to be pleasing to,* translating the English *to like.*

Position of pronouns before the verb except for infinitives, present participles and affirmative commands when the pronoun is attached to the end.

Infinitives replacing English present participles after a preposition or another verb.

Double negatives

Passive voice commonly replaced by the reflexive.

¿Verdad? or ¿no es verdad? replacing the various reciprocal questions which may follow a statement in English.

Your earliest knowledge of Spanish included oddities of:

Number e.g. la gente, el pantalón

Gender e.g. la mano, el agua *but* las aguas, el mapa, el programa etc.

Spelling e.g. *e* instead of *y* for *and*, *u* instead of *o* for *or*, small letters for days, months, languages and nation-alities.

Que meaning *that* cannot as in English be omitted.

Finally, you can make your work more interesting and gain more marks by including a *proverb* or *saying* e.g. más vale tarde que nunca, dicho y hecho, antes de que te cases mira lo que haces.

Your mental list should be familiar enough for you to run through it in a few minutes, deciding what points can be used in the composition you are going to write, and long enough for you to be ruthless in discarding pet phrases which do not fit.

Obviously this kind of preparation for examination standard compositions entails a lot of hard work over a long period and even that is not enough. There are other, simpler ways of making the most of yourself.

If you have a choice, don't jump at one familiar word or sentence. Think carefully which subject you know most about over all.

As you work, refer back to the question occasionally to make sure you are doing exactly what is demanded with regard to verb tenses, subject matter and number of words.

If you begin by writing a rough draft, leave enough time to copy it with some thought, rather than automatic-ally accepting what you first wrote. Cross out the rough work.

Different examining boards have different requirements. The composition questions in this book are arranged in such a way that your teacher can tell you what tenses to practise and how many words to use.

Generally speaking, unless you are instructed to use present tenses, more marks are awarded for correct use of past tenses. Notice that in the case of outlines of stories to be expanded or continued, most boards print the outline in the present tense while expecting you to write the narrative in the past. You will find more detailed advice about verb tenses in the next section.

If the number of words is stated in the question as a minimum and maximum, e.g. 100-120, you *must* stay within these limits. If you are asked for approximately a certain number of words, e.g. approx. 80 words, you must not have more than 5% more or fewer. In the example given that would mean 76-84 words. Remember that you gain no marks for excess words.

There are certain pitfalls you can look out for and avoid.

Try not to use the words in the question, *especially if you do not completely understand them.*

Avoid repeating yourself in any way. Once you have earned a mark for a certain word or phrase you cannot profit from it again.

Even if your handwriting is not particularly nice you can at least form individual letters properly. The examiner must be able to see the difference between, say, the masculine and feminine endings *o* and *a* and the tense endings *er, es, en.*

Where accents are concerned, if you really do not know, even after considering the pronunciation, apply the rule *when in doubt leave it out.* Mathematically speaking, it is more likely to be right without.

Last in this list, but certainly not least, do not try to express anything you cannot cope with. That means—use the knowledge of Spanish you have at your disposal. You are sure to know more than 100 or 150 words. Do not think of all the wonderful things you would say in English and then translate them. Concentrate firmly on thinking what you *can* say in Spanish.

The most important single factor in writing anything is choosing the appropriate verb tenses and, in Spanish in particular, choosing between the two verbs *to be*.

A story usually includes the three main kinds of writing, narrative, description and dialogue while an account or a letter will require narrative and description at least; so you need to be able to tackle them all.

NARRATIVE

You must first decide whether the main action takes place in the past, present or future and having decided stick to your guns.

If the main action is in the PAST you have a wide variety of tenses at your disposal.

Preterite expresses:
    1. a single, completed action in the past.
El sábado fui al teatro. *On Saturday I went to the theatre.*
    2. an action or state of longer duration in the past provided that it is completely finished.
Durante la guerra fue difícil comprar fruta. *During the war it was difficult to buy fruit.*

Imperfect expresses:
    1. a continuous or habitual action in the past.
Solía vivir en Mallorca. *He used to live in Majorca.*
Siempre desayunaba a las siete. *He always had breakfast at seven.*

2. it can be truly descriptive or describe a state of affairs in the past.

Era una mujer encantadora pero aquel día estaba enferma. *She was a charming woman but that day she was ill.*

3. in a story it sets the scene.

Había un rey cruel que vivía en un feo palacio. *There was a cruel king who lived in an ugly palace.*

Perfect replaces the preterite to indicate:

1. a recent action when the time is not specified.

¿Cómo has dicho? *What did you say?* Ha cenado con un amigo. *He has had supper with a friend.*

2. a past action the result of which continues in the present.

Ha sido un año estupendo. *It has been a wonderful year.*

Pluperfect. When the main action is already in the past, the pluperfect takes a step further back. Cuando llegué ya te habías marchado. *When I arrived you had already gone.*

Conditional though not strictly a past tense is used often in the sequence *said that he would, asked if they would* etc. Dije, que me gustaría verlo. *I said that I should like to see it.*

When the main action is in the PRESENT you can use:

Present Indicative, the main present tense of Spanish which translates three forms in English.

Hablo. *I speak, I do speak, I am speaking.*

It also expresses an action which began in the past but is not complete.

Hace cuatro años que aprendo el español. *I have been learning Spanish for four years.*

The present tense of *acabar de* + infinitive translates *to have just* + past participle.

Acaban de salir. *They have just gone out.*

As in English, the present tense is used to express the immediate future, especially with *ir a* and *haber de*.

Mañana voy a terminarlo. *Tomorrow I'm going to finish it.*

He de hacerlo el jueves. *I'm to do it on Thursday.*

Viene en seguida. *He's coming at once.*

Continuous Present Keep in mind that the ordinary present indicative translates *is … ing* and beware of over-using the continuous. It is needed when:

   1. a single, complete action coincides with a continuous one.

Me interrumpen mientras estoy trabajando. *They interrupt me while I am working.*

   2. the emphasis is on the action taking place at the moment. Estoy escribiendo la carta ahora. *I am writing the letter now.*

Note that the continuous present is sometimes formed with verbs other than *estar*.

Van corriendo por los pasillos. *They go running through the corridors.*

Sigue estudiando hasta la medianoche. *He goes on studying till midnight.*

Present Subjunctive is used for:

   1. commands, negative familiar and all polite.

¡No hagas eso! *Don't do that!*

¡Siéntense, señoras! *Sit down, ladies!*

   2. after impersonal verbs.

Es una lástima que no venga. *It's a pity he isn't coming.*

   3. after verbs of wanting and doubting, when the subject of the second verb is different from that of the main one.

Quiero que me escuchéis. *I want to listen to me.*
Dudo que sepan. *I doubt if they know.*
    4. after a preposition with *que*.
antes de que te caigas *before you fall.*

If the main action is in the FUTURE you can achieve some variety by using future tense and the expressions mentioned in the notes on the present tense.
No sé cuando compraré un coche nuevo. *I don't know when I shall buy a new car.*
Voy a tomar el sol. *I'm going to sunbathe.*

DESCRIPTION

Probably, most of the descriptions you write will be short ones in a story or a letter. Sometimes, however, you may be required to produce an entirely descriptive composition such as *Describe a tu mejor amigo* or *¿Cómo es el pueblo donde vives?*

Such subjects allow you to write, say, a paragraph in each of the three main tenses, past, present and future. You may, for example, describe your friend's character and appearance in the present, recount in the past some incident which illustrates your comments on character and, finally, in the future, forecast what he or she will achieve.

A description provides the opportunity too to demonstrate the different uses of *ser* and *estar*.

Ser tells *who* and *what* i.e. existence, identity, nationality, religion, occupation, permanent and inherent characteristics, possession.

Estar tells *how* and *where* i.e. temporary state, condition, presence, position.

I can best illustrate these points by admitting that I once told a class of Spaniards studying English,—Son estúpidos,—which they vigorously denied, looking none too pleased with me.—Sí, están estúpidos hoy,—I insisted and they all smiled and admitted it.

'That's different!' they said.

DIALOGUE

The set number of words does not usually leave room for more than a few lines of conversation and yet a story is rarely successful without some attempt at realistic dialogue.

Dialogue in a narrative composition also has the advantage of introducing colloquial expressions and a variety of tenses.

Whether you are writing a complete conversation or only a few incidental remarks, you should set it out properly, beginning a new line and indenting for each successive speaker, and you should master the oddities of Spanish punctuation.

1. For direct speech use dashes (guiones) instead of inverted commas. There is no final dash if nothing follows the direct speech on that line.

2. Use inverted commas (comillas) for quotations.

3. Remember the inverted question mark or exclamation mark at the beginning of a question or exclamation (not necessarily at the beginning of the sentence).

4. Confine the use of capital letters to the first word of a sentence or title and to names of people and places.

(3)   Telling a story from a series of pictures

Check whether in your C.S.E. or G.C.E. examination you will be limited to a certain number of words and, if so, practise writing that number as you work through the picture compositions.

The first five stories may be told by answering the questions printed next to the series of pictures. In the last five you might find it helpful to ask yourself mental questions about the pictures.

The printed questions are put in the present tense as certain examinations demand this.

Picture Composition 1

1. ¿Qué hay en el campo?
   ¿Por qué no se escapa el toro?

2. ¿Qué hace el niño?
   ¿Adónde va el niño?
   ¿Qué hace el toro?

3. ¿Qué mira el toro?

4. ¿Por qué está furioso el toro?

   ¿Cómo se sabe que el niño tiene miedo?

5. ¿Dónde está el niño ahora?
   ¿Qué accidente ocurre cuando salta el niño?
   ¿Qué come el toro?

6. ¿Quién se acerca?
   ¿Qué lleva en la mano?
   ¿Cómo va a castigar al niño?
   ¿Por qué está llorando el niño?

Picture Composition 2

1. ¿Dónde se encuentra la gente?
   ¿Qué hacen los pacientes?
   ¿Qué hora es?
   ¿Qué se ve por la ventana?

2. ¿Madruga el viejo?
   ¿Quién le da una taza de té?

3. ¿Qué tiene que hacer el viejo?
   ¿Qué escucha?
   ¿Cuánto tiempo ha pasado desde que se despertó el viejo?

4. ¿Cómo se sabe que todavía tiene sueño?
   ¿Qué hacen las enfermeras?

5. ¿Quiénes visitan a los enfermos por la mañana?

6. ¿Quién visita al viejo por la tarde?
   ¿Por qué está ella tan triste?
   ¿Por qué duerme el viejo?

Picture Composition 3

1. ¿Dónde está el hombre de negocios?
   Describe al hombre de negocios.
   ¿Qué tiempo hace?

2. ¿Por qué hay una cola?
   ¿Quién es el primero?
   ¿Qué mira el hombre de negocios?

3. ¿Qué se ve a lo lejos?
   ¿Qué le pasa al hombre de negocios?

4. ¿Coge el sombrero?
   ¿Le ayuda alguien?
   ¿Qué hacen los demás?

5. ¿Por qué decide dejar el sombrero?
   Otra vez tiene mala suerte. ¿Qué le pasa?

6. ¿Cómo está el sombrero?
   ¿Qué espera el hombre de negocios?

Picture Composition 4

1. ¿Cuántas personas hay en la habitación?
   ¿Cuántos años tiene el nene?
   ¿Qué hace la madre?

2. Y ahora ¿qué hace la madre?
   ¿Por qué lo hace cerca de la chimenea?

3. ¿Dónde juega el niño?
   ¿Por qué está contenta la madre?

4. ¿Está cerrada la puerta?
   ¿Qué oye la señora?

5. ¿Qué hace ella?
   ¿Qué hay en la mesa?
   ¿Por qué no ve al nene?

6. ¿Qué come el nene?
   ¿Cómo está el nene?
   ¿Qué está diciendo la madre?

Picture Composition 5
North Western Secondary School Examinations Board C.S.E. 1971

(*i*) ¿Dónde están el hombre y el perro?
(*ii*) ¿Qué tiempo hace?

(*i*) ¿Qué tiene el hombre en la mano izquierda?
(*ii*) ¿Por qué mira el perro al hombre?

(*i*) ¿Qué está apareciendo en el cielo?
(*ii*) ¿Por qué se levanta el hombre?

(*i*) ¿Adónde va el hombre?
(*ii*) ¿Por qué no le sigue el perro?

(i) ¿Qué mira el hombre?
(ii) ¿Qué tiempo hace ahora?

(i) ¿Cuánto tiempo ha estado el hombre en casa?
(ii) ¿Por qué ha cambiado su ropa el hombre?

Picture Compositions 6-10

Write in Spanish a story, of at least 180 words but not more than 200 words, describing the incidents depicted in the following sketches including such descriptive detail as you consider relevant. State at the end of your story the number of words you have used.

Picture Composition 7

Picture Composition 8

Picture Composition 9
The West Yorkshire and Lindsey Regional Examining Board C.S.E. 1973

Picture Composition 10

Welsh Joint Education Committee C.S.E. 1973

Expand the following outlines to make complete stories. As far as possible, use past tenses. Practise writing the number of words your examining board requires.

1. La familia Gómez va a una boda ... el novio y los invitados esperan delante de la iglesia ... el banquete está preparado ... pero ¿dónde está la novia?

2. Juanito no se despierta hasta las nueve menos cuarto ... no hay nadie en casa ... Juanito tiene mucha prisa ... se va corriendo a la escuela ... cuando llega no ve a nadie ... se acuerda de que es un día de fiesta.

3. El estanque del parque está helado ... tres hermanos van a patinar ... el hielo se rompe ... el niño menor se cae al agua ... los otros le sacan y le llevan a casa.

4. Tú visitas un museo de arte ... los cuadros te interesan mucho ... un reloj da las ocho ... debes irte a casa ... te das cuenta de que no queda nadie más ... las puertas están cerradas.

5. Dos astronautas pisan la Luna ... trabajan unas horas en ella ... trepan a la cápsula lunar ... se reúnen con la cápsula de mando ... regresan a la Tierra ... caen al mar cerca de un portaaviones.

6. Teresa e Isabel van a mirar escaparates ... dan con dos amigas que les invitan a tomar café ... se sientan en una terraza ... ninguna de las cuatro tiene dinero.

7. Don Pablo trabaja en el jardín ... trabaja mucho ... hace calor ... se sienta a la sombra ... se duerme ... un ruido le despierta.

8. Carmen no quiere ir a la escuela ... finge estar mala ... la madre llama al médico ... le pone un tratamiento

... la niña prefiere ir a la escuela.

9. Un americano se encuentra delante de un Banco en Madrid ... piensa cambiar sus cheques de viaje ... ve que no los tiene ... se pregunta si alguien le ha robado ... pero se le han caído en la calle ... los recoge en la comisaría.

10. Es invierno. Unos niños juegan en la playa ... hay grandes olas ... los niños encuentran muchas cosas que ha traído el mar ... van a mostrar los tesoros a sus padres.

Complete the following stories, using past tenses where possible. Do not re-write the beginning of the story. Practise writing the number of words required by your examining board.

1. Rafael pasea con su perro. El animalito va a escarbar un agujero y desaparece ...

2. Juana y la madre riñen. La chica sube a su dormitorio, hace la maleta y se marcha ...

3. Una señora quiere comprar sandalias. Tiene que llevarse a los niños a la zapatería y mientras ella se prueba varios pares de sandalias, sin que le guste ninguno, ellos esconden los zapatos de ella ...

4. Javier estaba paseando por la calle mayor cuando vio a un hombre sacar un revólver y entrar en una gran joyería. A la vez un coche se detuvo delante de la tienda ...

5. El señor Tejero llega a casa y anuncia que le ha tocado la quiniela. Todo el mundo se aloca y quiere algo. Todos hacen planes ...

6. Maruja pide prestado el reloj de pulsera a su madre. Le dice que no. Sin embargo, a escondidas Maruja se lo pone y en seguida lo pierde ...

7. A la señora Sánchez se le rompieron las gafas y quiere llevarlas al óptico, para que se las reparen pero al no ver bien, se confunde y entra en la peluquería de señores ...

8. Dos hermanos van al cine. Por desgracia hay detrás de ellos una de esas personas irritantes que siempre hacen un comentario a sus compañeros ...

9. Carlos se sienta a desayunar y dice a su familia que soñaba con ...

10. El padre de Josefa le ha prometido pintarle el dormitorio pero tarda mucho en empezarlo. Josefa se impacienta y lo empieza ella misma pero todo va mal ...

1. Es el santo de Lolita. ¿Qué hace para celebrarlo y qué le regalan sus parientes y amigos?

2. Escribe una página interesante del diario de un bombero o un granjero.

3. Tú vas a la ciudad a mirar escaparates y comprar regalos antes de Navidad. Tu madre te hace llevar a tu hermana pequeña. Cuenta lo que te pasa.

4. Escribe un cuento que se titula «El pinchazo».

5. Te perdiste en una ciudad desconocida. Cuenta lo que te pasó y como llegaste a tu destino.

6. Vas de excursión con tu clase y el profesor. Por desgracia, ocurre un accidente. Describe la excursión y el accidente.

7. Describe la casa, la calle y el pueblo (o la ciudad) donde vives.

8. ¿Cómo es tu mejor amigo?

9. Describe a unos personajes típicos de España, por ejemplo el sereno, el limpiabotas, el vendedor ciego de lotería, el torero.

10. Describe un gran puerto, real o imaginario.

11. Escribe un diálogo entre dos amigos. Uno quiere ir a España a pasar las vacaciones, pero el otro prefiere quedarse en Inglaterra.

12. Una mujer compra carne por la mañana. Por la tarde vuelve al mercado para decirle al carnicero que le ha engañado. Escribe la discusión entre la mujer, el carnicero y los otros clientes.

13. Escribe un diálogo entre un aduanero y un turista que intenta entrar en España llevando consigo artículos de contrabando.

14. Hablar idiomas es un pasaporte para el mundo entero. ¿Es verdad?

15. Se dice que Africa empieza en los Pirineos. ¿Estás de acuerdo?

16. Actualmente, a los españoles les gusta más el fútbol que los toros. ¿Es verdad?

17. ¿A qué parte de España le gustaría más ir? ¿Por qué?

18. Explica como se prepara una tortilla de patatas o una paella valenciana.

19. ¿Cuál es tu deporte favorito? ¿Cómo se juega?

20. Has ganado un premio de cincuenta libras. ¿Qué vas a hacer con el dinero?

If you have a Spanish pen-friend you will have seen for yourself the various ways in which the lay-out of his letters differs from that of an English letter. You may well have thought too that the language is a little more flowery than that used by the average English person in an informal letter.

Writing a test letter in Spanish puts you in an unnatural position for you must follow the pattern a Spaniard uses and yet write in your own character, usually about yourself and your country and the English way of life.

First consider the address, date and greeting. Look at the following example.

> Valencia, 14 de mayo de 1974.
>
> Querido Miguel:

Since the name and address of the sender are written in full on the back flap of the envelope (the English Post Office can open wrongly directed mail to find out the sender's address but its Spanish counterpart cannot) only a shortened version of the address is incorporated with the date in the top right hand corner.

The greeting is followed by a colon instead of a comma. *Querido* meaning *dear, beloved* is used only to family and friends of equal status or very close friends. For an informal letter to an older person or a recent acquaintance you could substitute *Apreciado* or *Estimado*.

In closing a letter to a friend the verb *abrazar, to hug, to embrace* and the noun *abrazo* derived from it are commonly used. *Saludar* and *saludo* are a shade more formal and their meaning can be varied according to the adverb or adjective chosen.

In the case of both opening and closing sentences you should prepare by memorising a few. Select them to fit the circumstances and to avoid copying those already used when answering a given letter.

OPENING REMARKS

Acabo de recibir tu carta. I have just received your letter.
Me alegré de recibir tu carta. I was glad to receive your letter.
He recibido tu interesante/divertida carta. I have received your interesting/amusing letter.
Gracias por tu carta que recibí hace ... Thank you for your letter which I received ... ago.

CLOSING REMARKS

Un abrazo de tu amigo, A hug from your friend,
Un fuerte abrazo de ... A big hug from ...

For a first letter:
Tu amigo inglés que te abraza, Your English friend who embraces you,
Abrazos de tu nuevo amigo, Embraces from your new friend,

As in other types of essays, practise writing the number of words you will be required to produce in the examination and remember to state the number at the end.

Verb tenses are as always of the greatest importance. If you are replying to a given letter, the content of that and especially the questions the writer asks will guide you, usually providing an opportunity to use several tenses and always including past. If you are simply given instructions to write a certain letter, try to use past, present and future with the emphasis as always on preterite and imperfect.

ANSWERING A GIVEN LETTER

You have received the following letters from a penfriend. Read each letter carefully before writing your reply.

1.   Avila, 30 de setiembre de 1974.
Querido (a) amigo (a):

                Acabo de recibir tus señas de la agencia «Amigos Internacionales» y me apresuro a escribirte por primera vez. Voy a decirte algo de mí y espero que te guste mi carta y que me contestes.

Me llamo Julián Crespo Sampedro, tengo catorce años y vivo con mis padres y un hermano menor, en un piso de una casa antigua en la capital de Avila. Martín tiene trece años. Tengo otros dos hermanos que están casados y viven en Madrid. Eso es estupendo, pues Martín y yo les visitamos a menudo y nos divertimos muchísimo en la ciudad. No me gusta mucho ir al colegio ni hacer los deberes pero me gusta jugar al fútbol y al baloncesto. ¿Quieres explicarme que es el «cricket» inglés?

Te mando una foto de mi familia para que veas como somos. Estoy a la derecha.

Cuando sea mayor llegaré a ser aviador ¿y tú qué vas a ser? ¿Tienes una bicicleta? ¿Eres coleccionista de algo? ¿Qué hiciste durante las vacaciones de verano? Este año tuvimos que quedarnos en casa.

Si me contestas, te escribiré una carta con más noticias. Hoy sólo es la presentación.

Tu nuevo amigo que te abraza,
Julián

2.   Madrid, 2 de setiembre de 1974.
Querido (a) amigo (a):

El sábado pasado llegué sano y salvo al aeropuerto de Madrid dos horas después de dejarte en Heathrow. ¿No te parece fantástico? Mis padres y mis dos hermanas me esperaban y me llevaron a casa en taxi. Les gustan mucho los regalos que compramos juntos y se interesan mucho por lo que cuento de mis vacaciones contigo y de la vida inglesa. Papá dice que no he dejado de hablar durante tres días.

Pero lo que más me alegra decirte es que nosotros te invitamos a pasar unas semanas del próximo verano aquí en Madrid. Escríbeme pronto para decirme si tus padres están de acuerdo. Además quiero darles las gracias de nuevo por unas vacaciones tan estupendas como las que he pasado con vosotros.

Recibe un fuerte abrazo de
Ricardo

3.   Córdoba, 5 de marzo de 1974.
Querido (a) amigo (a):

Sentí mucho saber que estabas en el hospital. Mi primo Juan me enseñó una carta de Peter en la que dice que tendrás que quedarte con la pierna estirada tal vez seis semanas. No sé precisamente como sucedió el accidente, ni cual es el hueso que tienes roto. ¿Será la fíbula? Tendrás que explicármelo todo cuando tengas ganas. ¡De veras escribes el castellano mejor que Peter!

Aunque me apresuro a escribirte en seguida, no tengo tiempo para más hoy. Te mandaré otra carta más larga el fin de semana y además unos tebeos españoles para que no te aburras tanto y sigas aprendiendo mi lengua.

Mis padres te desean que la pierna se ponga mejor lo más pronto posible. Hasta el domingo.

Abrazos de
José Ignacio

P.D. ¿Te dan clases en el hospital?

4.   Santander, 21 de octubre de 1974.
Querido (a) amigo (a):

Gracias por tu carta con las interesantes noticias de tu estancia en las islas escocesas y de la boda de tu hermana. Pili me pide una foto de los novios y las «bridesmaids». Espero que no te sea molestia mandarle una. Ya sabes, ella se va a casar el año que viene y le interesa mucho una boda inglesa. ¿Viste la de la princesa Ana y el capitán en la televisión?

El primer día del curso nuevo en el instituto el profesor de inglés nos puso un tema largo sobre Inglaterra que tenemos que entregar antes de Navidad. ¿Quieres decirme algo sobre la geografía de tu país? No es difícil encontrar libros acerca de la historia británica pero no hay nada sencilla sobre la geografía en nuestra biblioteca.

También quiero hacerte unas preguntas sobre la vida actual. ¿Cuántos años debe tener un inglés para (a) dejar la escuela (b) casarse (c) obtener un carnet de conducir? ¿Quiénes son los ingleses, o sea los británicos, más célebres de la actualidad?

Ya sabes que te ayudaré también en tus estudios si te hace falta.

Recibe un abrazo de
Marisol

5.　　　　　　　　　　　Gerona, 3 de julio de 1974.
Querido (a) amigo (a):

Estoy muy impaciente por verte. Aunque hace cuatro años que nos escribimos, hay muchas cosas que todavía no sé acerca de ti. Me cuentas que haces en el colegio y el fin de semana—como te lo cuento yo—y tengo tus fotos y diapositivas, pero a menudo me pregunto si te gustaría esto o eso, y cuáles son tus opiniones sobre varios asuntos domésticos e internacionales. Por ejemplo, ¿te dejan mirar todo lo que quieras en la tele tus padres? Los míos, no. (Me permiten más o menos un programa diario). ¿Crees que deben prohibirse las huelgas? ¿Estás de acuerdo con los concursos de belleza? ¿Crees que es peligroso fumar?

Bueno, si te hago más preguntas así vas a creer que es un examen. Además podremos hablar de todo. Todos vamos a llevarte a muchos sitios bonitos aquí en Cataluña.

Papá dice que será mejor repetirte la fecha, la hora y el lugar de tu llegada para no equivocarnos de ningún modo. Llegas el día 2, a las once y cuarto de la mañana al aeropuerto de Gerona en el avión procedente de Luton y nosotros te esperaremos allí.

Entonces hasta el día 2 de agosto, recibe un abrazo de tu amiga española,

Angelines

MORE LETTERS TO WRITE

1. Te has mudado de casa y has empezado a asistir a un instituto nuevo. Escribe a tu amigo español, describiéndole la casa, la vecindad y el curso.

2. La familia de tu amigo español quiere veranear en Inglaterra. Quieren alquilar un coche y ver lo más posible durante tres semanas. Escríbeles una carta, dándoles consejos sobre el proyecto.

3. Ayer viste un incendio. Escribe a un amigo español, diciéndole lo que pasó.

4. Tú quieres un intercambio de cartas con un alumno español. Escribe una carta al director de un colegio de Madrid, pidiéndole que te ayude.

5. Vas a dejar la escuela definitivamente al final del trimestre. Escribe a un amigo español, explicándole que vas a hacer durante el año que viene y que piensas hacer en la vida.

6. Tú fuiste al cine hace poco y viste una película muy buena. Cuéntasela a tu amigo en una carta.

7. Tu amigo español te ha preguntado cómo es el sistema británico de monarquía y parlamento. Trata de explicárselo.

8. Tu padre, que es marino, tiene un mes de permiso. Toda la familia va al puerto a esperar la llegada de su nave. Cuéntale todo lo que pasó a tu amigo español.

9. Tú vas a la feria con unos amigos. Escribe una carta a tu amigo español, diciéndole como os divertís allí.

10. Acabas de recibir una carta de tu amigo español con unos chistes muy graciosos. Cuando contestes inclúyele unos chistes ingleses para que él se ría también.